子どもと福祉

Vol.11
July 2018

編集／『子どもと福祉』編集委員会
発行／明石書店

子どもと福祉

CONTENTS

Vol.11 July 2018

◉特集
社会的養護における職員の確保・育成

5 特集にあたって……藤田哲也（本誌編集委員）

事例❶ 6 児童養護施設における人材確保・定着・育成
――小規模・分散化に耐えうる組織づくりと東京都・人材対策委員会の取組……早川悟司（児童養護施設子供の家（東京）施設長）

事例❷ 10 社会的養護人材にかかる諸問題とその処方について……橋本達昌（児童家庭支援センター・児童養護施設一陽統括所長）

事例❸ 14 施設における職員育成の取り組みについて――桜学館の取り組みから……池戸裕子（児童心理治療施設桜学館生活部長）

事例❹ 18 彩り豊かな先輩職員、新しい風となる新任職員……近藤瀬里（二葉乳児院小規模グループホーム保育士）

事例❺ 22 母子生活支援施設における人材育成と人材の確保……加藤智功（きーとす岐阜少年指導員）

事例❻ 26 ファミリーホームの人材確保と育成について……伊藤龍仁（ファミリーホーム☆マギカル）

まとめ❶ 30 社会状況の変化に対応した人材対策を……黒田邦夫（愛恵会乳児院施設長）

まとめ❷ 34 社会的養護における職員の確保・育成……藤田哲也（滋賀文教短期大学講師）

◉特集
子ども虐待の在宅支援

52 特集にあたって……佐藤隆司（本誌編集委員）

事例❶ 56 法改正と在宅ケースへの支援……小寺順司（青森県八戸児童相談所次長）

事例❷ 58 法改正に翻弄されて……矢島一美（群馬県中央児童相談所児童福祉司）

事例❸ 60 虐待対応における橋渡しとしての在宅支援……坂口晴実（東京都スクールカウンセラー）

事例❹ 62 子どもや家庭が孤立しないように――子どもに合わせた仕組みづくりを……細田和恵（町田市教育委員会スクールソーシャルワーカー）

事例❺ 64 市区町村が在宅支援を担うということ――区役所の現場から……花坂佳代子（横浜市泉区こども家庭支援課ソーシャルワーカー）

事例⑥ 66 在宅支援における児童相談所と市町村の「よい協働関係」とは……衣川修平（京都府健康福祉部家庭支援課副主査（心理判定員））

事例⑦ 68 児童福祉法改正後における市町村子ども相談現場の実態と課題……仙田富久（京都府教育委員会スクールソーシャルワーカー）

事例⑧ 70 児童福祉司という仕事……岡本高志（愛媛県福祉総合支援センター児童福祉司）

事例⑨ 72 「役割分担」は子どもと家族のためにある……本田しのぶ（大分県中津児童相談所児童福祉司）

事例⑩ 74 在宅支援において児相に求められていること——離島分室での経験から……海野高志（沖縄県コザ児童相談所児童福祉司）

76 特集まとめ……川﨑二三彦（児相研代表委員）

◉クローズアップ

80 新しい社会的養育ビジョンの動向と課題……武藤素明

87 「新しい社会的養育ビジョン」と養問研の姿勢……遠藤由美

97 （関連資料）「新しい社会的養育ビジョン」に対する意見……全国児童養護問題研究会

◉当事者の語り

39 与えられる人から与える人へ——自分の道は自分で決める……山田恵美加

43 出会いに恵まれ、感謝し、憧れ、今度は憧れの存在になれるように……藤田明日果

47 私の社会的養護……鍬田春華

◉現場実践レポート

108 「そなえ」が大切にしていること……金本秀韓

112 施設内での一時保護委託枠について……田崎加織

117 「子どもの村東北」と里親家族への支援について……石田公一

◉海外の社会福祉事情

104 ドイツ：SOS子どもの村ベルリン……楢原真也

◉研究報告

121 勧誘行為の実態と成人若年層の犯罪予防に向けたアウトリーチの可能性——路上調査をもとに……荒井和樹

128 心理学における「子育て神話」——素質と環境の関係を考える……二宮直樹

◉エッセイ

134 ひと風呂浴びて笑顔あふれる食事会……浦田雅夫

137 子どもを知るための闘い……春名文香

◉書評

140 『跳びはねる思考』……小池将

141 『発達障害』……倉内淳

142 『「三つの家」を活用した子ども虐待のアセスメントとプランニング』……児玉あい

143 『記憶はウソをつく』……平岡篤武

144 『ブラック企業バスターズ』……前田治敏

145 『子どもと福祉』投稿規定

148 編集後記

特集

社会的養護における職員の確保・育成

施設の小規模・分散化など時代の変化に応じた組織と仕組づくりの現状と課題を、児童養護施設・児童家庭支援センター・児童心理治療施設・乳児院・母子生活支援施設・ファミリーホームの6つの現場レポートから探る。

特集にあたって

藤田哲也◉本誌編集委員

近年、政策的に児童養護施設（以下、施設）等の小規模化・地域分散化が進められている。それは、家庭的な環境における子どもとの個別的な関わりや個室の確保など、多くのメリットがある一方、1人勤務の増加に伴う職員の孤立や宿直の増加など、職員の労働環境の変化を背景として、職員の確保・育成が課題となっている（みずほ情報総研2017、堀場2018）。

この点については、既に本誌Vol.5（2012）の特集「職員が育つ、働きがいのある職場づくり」でも取り上げている。そこでは、チームワークの重要性や肯定的な関わりの工夫、情報の可視化による職員間の連携など、民主的な職員集団づくりを軸にしながら、働きがいのある職場づくりがなされている施設がある一方、制度の貧困さや施設運営面の問題から、職員が育つことが困難な状況があることも浮き彫りとなった。

翻って、２０１７年8月に「新たな社会的養育の在り方に関する検討会」が提言した「新しい社会的養育ビジョン」（以下、「ビジョン」）では、小規模化・地域分散化する施設（受け皿）はケアニーズが高い子どもに治療的ケアを行うことや、地域支援事業・フォスタリング機関事業等の実施など、高機能化と多機能化が求められている。

しかし、「ビジョン」では、体系的な研修の重要性やスーパービジョン体制の構築などは指摘されているものの、職員の確保・育成については言及していない。

そこで、本特集では6つのレポートから、社会的養護で働く職員の確保・育成の現状と課題についてみていきたい。

文献
堀場純矢（2018）「児童養護施設における小規模化の影響――職員の労働環境に焦点を当てて」『生協総研賞・第14回助成事業研究論文集』公益財団法人生協総合研究所
みずほ情報総研株式会社（2017）『児童養護施設等の小規模化における現状・取組の調査・検討報告書（平成28年度 先駆的ケア策定・検証調査事業〈厚生労働省委託事業〉）』

事例❶

児童養護施設における人材確保・定着・育成——小規模・分散化に耐えうる組織づくりと東京都・人材対策委員会の取組

早川悟司
◉児童養護施設 子供の家（東京）施設長

はじめに

　本号の特集に掲げられた「職員の確保・育成」は、業種を問わず古くからの課題です。その中で、かつての児童養護施設において、職員は「代わりがきく」存在として十分に尊重されず、女性は結婚したら辞めるものと端《はな》から見做されていることも散見されました。大舎制中心の養護では、一部に「力のある職員」がいれば、他の一般職員は短期で入れ替わっても大きな問題とされなかった感があります。

　しかし近年、様相は急速に変化しています。施設の小規模・分散化については、その是非を議論している段階ではありません。小規模・分散化が進めば、一部に「力のある職員」がいても機能しません。新人も含めて、すべての職員に一定以上の力量が求められます。一方で、放っておけば職員の孤立や疲弊は進み、定着が難しくなります。

　つまり、施設の小規模・分散化には、全体的な職員の資質向上が必要であるのに、小規模・分散化によってこれが難しくなるというアンビバレントな状況が起こっているのです。実際に、筆者の勤務する施設を含めて、小規模・分散化を早期に進めた施設では様々な混乱が生じました。

　国の制度動向は現在も相変わらず施設の小規模・分散化、里親委託率の大幅増大と、形態論が先行しています。これに対応し得る人材の育成なしに、養護の質的向上はありません。本稿では筆者が5年前から勤務している当施設の取組と、東京都社会福祉協議会児童部会人材対策委員会（以下、「人材対策委員会」）の活動を紹介します。

小規模・分散化に合わせた組織と仕組

　当施設は大半の例に漏れず第二次世界大戦後の1949年に開設されました。中舎制養護を経て、1993年から現在の小規模ユニットによる運営をスタートしています。現在、本園は

5～6名の児童によるホーム2つで1つの生活棟を構成し、3棟6ホームに30人の入所児童と最大6人のショートステイ児童が生活しています。他、6人の入所児童が生活するグループホーム（東京都施設分園型グループホームおよび地域小規模児童養護施設）が敷地外にあり、入所児童定員は42人で運営しています。

かつては全施設での行事運営等も盛んだったものの、各ホームの独自運営や個別ケアの必要が重視されていく中で、次第に施設としての一体感を失っていったように見えました。筆者は前任施設勤務の時から当時の当施設職員や管理職との交流があり、運営等の相談を受けている中、2013年より前施設長の後任として招かれました。

前年まで、職員間の対立が続き、年度途中での退職・休職が繰り返され、多くの子どもが学校に行かず、暴力等の問題が頻出していました。これらに対して、職員と協働で主に以下の取組を重ねてきました。特効薬はないものの、これらのプロセスに職員が主体的に関与する中で、目に見えて施設内に活気が戻ったように感じました。

①施設の運営理念・方針・計画の再策定

当然ながら従来から運営方針や計画はあったものの、職員に十分に浸透していませんでした。これらの構造を分かりやすく整理し、理念については一字一句までの意味を咀嚼《そしゃく》し、共有しました。日々の実践や議論のベースにこれらを置くことで、無駄な職員間の対立を招くことなく、仕事を仕組で捉える習慣が育ちます。

②ロゴマークの作成と生活棟およびホームページのリノベーション

施設のロゴマーク素案を児童・職員から公募し、作成しました。現在は施設内の各所の掲示物や職員の名刺、建築デザインやホームページ等に配し、児童・職員の帰属意識に働きかけています。老朽化した生活棟は全面リノベーションを行い、併せてホームページも作り直しました。新規入所の小学低学年女児が、入所日に「あたし、この部屋気に入った！」と、はじけるような笑顔を見せていたのが心に残ります。

③組織体系および職務分掌の再整備

それぞれの職層、職域の権限や分掌を明示し、定着を目指しました。これらが可視化されていないと、職層・職域間での軋轢《あつれき》が容易に生じます。

④会議の機能分類の整備

各施設で様々な会議が行われていますが、これらの機能分類と意思決定プロセスの明示および透明化が欠かせません。いずれの施設も数十人からの職員で運営する中、「皆で話し合って決める」は幻想です。全職員参加の会議での意思決定を第一義としていては、結果的にごく一部の職員の意向ばかりが正当性とは無関係に通ります。

「民主的」とは、全職員が一堂に会して話し合うことではありません。それぞれの会議であつかう議題が限定され、全職員の関与がプロセスの中で保障され、それぞれの会議責任者が権能の範囲で決済をしなければなりません。「皆で決めた」は、意思決定プロセスや責任の所在が不明確になるばかりで、組織の成長には結びつきません。

⑤マトリックス型組織の確立

小規模・分散化が進むと組織形態は縦割り化が進み、個々の職員は孤立します。縦割り組織に横串を刺すのが、マトリックス型組織です。当施設では各生活ユニットの縦串に、職務委員会という横串を刺しました。4つの職務委員会（運営実務・渉外広報・支援向上・環境衛生）すべてに各ホームから職員を配置し、施設運営に関わる事項を検討します。定期的に所属ホームを超えた職員と共通目的に沿って業務を検討・遂行することで施設としての一体感や、個々の主体性が醸成されると考えています。

図　マトリックス型組織による会議の機能分類

※個別の児童支援については棟・ホーム会議、施設の運営については職務委員会で検討・発案する。これを各職域代表者によるチーフ会で審議し、決定された事項を全職員参加の職員会議で調整・共有する。

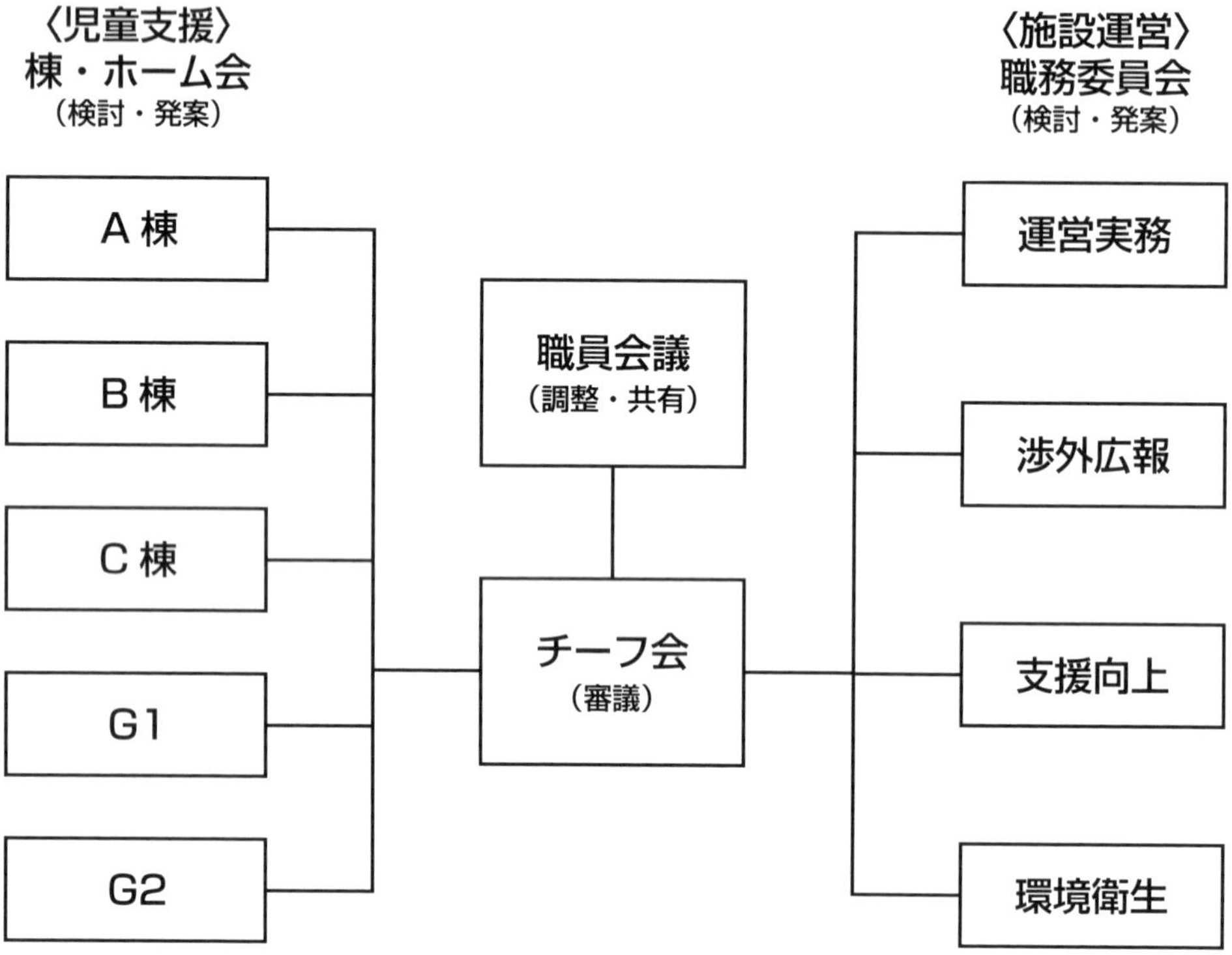

⑥目標管理と研修・育成計画

施設長を含む全職員が目標設定・達成シートを作成しています。施設の目標から所属部署の目標、個人の目標を関連付け、達成の方法や研修受講を指導職・管理職との面接を経て計画化します。各職員への「期待する役割」は、職員の強みを3点挙げたうえで特に期待することがらを明示しています。

⑦女性の定着を含めた支え合う風土の醸成

就任初年から職員会議でアナウンスをしてきたのが、「女性が産休・育休を経ても働き続けられる職場づくり」です。前任の施設では前例もあり、筆者も夫婦で子育てをしながら勤務をしてきました。その中でこれを実現するには、まず施設長の意思表明と、職場の合意形成が前提となることを痛感していました。個人の頑張りも必要ですが、それ以前の環境整備が不可欠です。

⑧社会ニーズの研究・発信と展望の模索

社会的養護は今まさに過渡期にあり、職員や就職希望学生の中からも業界の将来への懸念が聞かれます。当施設は延々と当施設のみで働く人材を求めてはいません。共に今後の子ども・子育て支援に何が必要か。そのために我々にはどのような成長課題があるのか。公私に渡り職員等と学び、今後の展望を模索しています。結果として、多様な業種との人事交流ができることも大いに有益だと考えています。

東京都・人材対策委員会の取組

東京都社会福祉協議会児童部会は四部（総務・制度政策推進・調査研究・研修）と、必要に応じて編成される委員会等で構成されています。その中で人材対策委員会は、２０１５年から２か年の特別委員会を経て、２０１７年から常設の委員会となりました。基本方針には、「限られた人材の獲得を競合するのではなく、部会内施設の協働により人材の裾野を広げ、確保・定着・育成の標準化を図る」ことを掲げています。

活動目的は以下の三点です。

①児童養護施設・自立援助ホームのイメージ向上を図り、円滑な人材採用を目指す。
②人材の定着に向けて職場環境を整備する。
③人材の育成に向けたスキルやプログラムを共有する。

これらに沿って、２０１７年度は以下の取組を実施しました。これらは、東京都の他の部会では例がない画期的なものとして注目されていると聞きます。

〈２０１７年度の主な取組〉
○委員会主催研修（３回）
「人材の確保・定着・育成に向けた取組の共有」
「人材の定着に向けた多様な働き方――産休・育休後の復帰も当たり前に」
「コーチングスキルを学ぶ」
○実習養成校との懇談会
○施設見学・説明会（４施設）
○人事・採用担当者懇談会
○リーフレット「これが東京の児童養護施設です」作成・大学等への頒布
○福祉の仕事就職フォーラムでのプレゼンテーション
○「職員雇用に関する調査」（給与・手当・休暇等の労働条件全般）の実施
○児童部会ホームページ・紹介動画の作成検討

おわりに

人材対策の取組とは、施設運営そのものだと考えています。すなわち、施設運営のあらゆる側面を点検することなく、人材の確保や育成を行おうとすることは、すぐに剥がれる鍍金《めっき》をすることです。

施設運営は、時代に呼応して変化し続けることが今後も求められます。つまり終着点がありません。一度うまくいった手法は、明日には通用しないかもしれません。筆者も駆け出したばかりであり、関係諸氏の叱咤激励をいただきながら邁進していかなければと、今回の執筆を通じて改めて感じました。機会を与えていただき、心より感謝申し上げます。

＊

早川悟司（はやかわ・さとし）◉児童養護施設子供の家施設長。東京都児童部会人材対策委員長。社会福祉士。１９６９年生まれ。日本福祉大学大学院卒業。バブル期の都内飲食店勤務から転身後、都内2か所の児童養護施設勤務を経て、２０１４年より現職。近年の主な共著に『子どもの未来をあきらめない――施設で育った子どもの自立支援』『〈施設養護か里親制度か〉の対立軸を超えて――「新しい社会的養育ビジョン」とこれからの社会的養護を展望する』（共に明石書店）。

事例❷

社会的養護人材にかかる諸問題とその処方について

橋本達昌◉児童家庭支援センター・児童養護施設 一陽 統括所長

はじめに

少々古いデータですが、2015年8月に全国児童養護施設協議会が作成した「施設における人材確保等に関する調査報告書（調査回答率73・4％）」によると、全国の児童養護施設養育担当職員の平均勤続年数は7・7年。さらに退職者の勤続年数を見ると、最も多いのは「1年未満（14・1％）」、次いで「1～2年未満（11・3％）」「2～3年未満（10・9％）」となっており、勤続年数5年未満で退職する者が全体の53・4％と過半を占めています。また2016年7月に中部児童養護施設協議会が取りまとめた「人材確保・定着に関するアンケート調査結果」（調査回答率75・66％）によれば、一施設当たりの年間平均退職者数は1・89人、当該退職者の平均勤続年数は3・38年となっています。

これらの報告からは、全国の児童養護施設において、その使命や業務内容をあまり知らずに安易に就職し、たちまちバーンアウトを起こしている若手ケアワーカーが大勢いることが推測されます。そしてこのようなありようは、広く世間に流布され、人材確保の苛烈さに拍車をかけています。残念ながら、福祉の道を志そうとする多くの学生や市民にとって、児童養護施設という職場（就職先）は、伏魔殿かブラック企業と見なされ敬遠されているというのが実情でしょう。

このような〝負のスパイラル〟から脱却していくには、児童養護施設業界全体が、職場のあり方や働き方を省み、積極果敢にイノベーションを仕掛けていくとともに、市民社会に対し自らの組織の存在意義や可能性、未来像といったものを、とても豊かなものとして構想しポジティブに発信していくことが肝要だと考えます。これらの点を踏まえ、以下「後継人材の教育（養成）と確保」及び「職員人材の育成と定着」の二つの視座から、現在、児童家庭支援センター・児童養護施設一陽が実践している〝人材＝人財＝マネジメントシステム〟を素描していきます。

いかに後継人材を教育（養成）し、確保していくか

より良い人材の確保を図るうえで、今日、まず児童養護施設には、社会的養護への関心や理解を高めていこうとする努力が求められています。具体的には、現代子ども社会の存立を脅かしている貧困や虐待、孤立の問題に関し、実践

経験や専門性に基づく周知啓発活動やソーシャルアクションを展開していくことです。あわせて里親希望者や福祉人材養成校の学生に対する福祉教育機能も一層強く求められてきています。そこで一陽では、自らの存在を「市民啓発・福祉教育拠点」と位置付け、以下の活動に取り組んでいます。

（Ⅰ）民生児童委員等地域福祉関係者、社会的養護施設関係者、教員・研究者、マスコミ、行政関係者等、年間80件程度の施設見学を受け入れています。またホームページを活用して一陽の児童養育実践や地域子育て支援情報を広く市民に周知しています。なおホームページ（子どもや職員スタッフの日常を綴った一陽日記）は、年100回程度更新されています。さらに中部児童養護施設協議会の主催する「こどものしごとフェスティバル」の運営に積極的に参画し、中部地区内の大学生等に対し児童養護施設の仕事の魅力や可能性をアピールしています。

（Ⅱ）年数回、越前市の要保護児童対策地域協議会や地域のNPO団体、職能団体等と協働して「社会的養護研究市民セミナー」を開催し、市民啓発活動を行っています。毎回50~200名程度の参加者を得て、児童虐待や子どもの貧困問題、子どもの権利擁護等をテーマとした共同学習を行っています。ちなみに昨年度から本年度にかけ開催した同セミナーの学習テーマは、「子ども食堂とケアラー支援に学ぶ地域福祉の未来」（2016年5月）「児童虐待と脳の発達――回復へのアプローチ」「対人支援職のメンタルヘルス」（2016年6月）「里親制度と地域児童家庭支援システムの構築」（2016年9月）「アンガーマネジメント」（2017年2月）「LGBTと社会的養護」（2017年6月）などです。

（Ⅲ）年間数十名の保育士及び社会福祉士養成校の学生や里親登録希望者に対し、施設実習および座学研修（全15回：各ホームに配属されているケアワーカー、栄養士、心理職員、ソーシャルワーカー等、多数の施設現場職員が講師となり実施）を行っています。また複数の施設スタッフが大学等に出向き、特別講義を行う等、社会的養護の担い手育成のために組織一丸となって取り組んでいます。

なお2011年7月に発出された「社会的養護の課題と将来像」から、2017年8月に発出された「社会的養育ビジョン」に至るまで、社会的養護の実践現場は、変革期の真只中にあって日々刻々と進化し続けています。よって社会的養護関連科目を担当する教員には、養育実践の変容状況を的確に把握しつつ、それに即応した教育を行うことが要求されています。一方、私たち社会的養護施設関係者にも、養成校との連携を密にし、学生がより実践的に学ぶことができるよう、社会的養護に関わる講義・演習への講師派遣や福祉施設実習・インターンシップ等の積極的受入はもとより、児童虐待や子どもの貧困問題に関する寄付講座の開設、さらには施設職員、大学生、市民活動家らの協働による〝子ども食堂〟や〝学習支援〟の実施など、あたかも地域社会全体をキャンパスとするかのようなフィールドワークの創出に向けた新たな試みが求められています。

いかに職員人材を育成し、定着させていくか

児童養護施設における養育の目標は、子どもの自尊心や自己肯定感を育みつつ、社会的自立を支援することです。一方、児童養護施設における人材マネジメントの目標も、職員の業務に対する向上心や自己有用感を育みつつ、福祉労働者としての職業的自立を支援することです。また子どもと職員（労働者）双方の権利保障に向けたプロセスや手法の近似性及び相関性を勘案すれば、職員をうまく育めない施設が、子どもたちに対して良い養育を行えるはずがない！と、断ずることもできるでしょう。そこで一陽では、養育とは、決して一人の養育者の個人プレーではなしえず、子どもを取り巻くおとなたちのチームアプローチ（連携や協働）によって行われるべきものであり、かつ感情労働的な性

質を多分に有するといった労働特性にも着目し、以下の実践を展開しています。

（Ⅰ）一陽の職員採用は、この先ともに働くことになる職場同僚（希望者全員）が直接面談して選考を行う方法を採っています。現場・現業職員自らが、新しく仲間となる者を選び迎え入れる、きわめて民主的な人材確保の方策は、その後の仲間意識の醸成と人材育成にも有効に機能しています。また特に新採用職員には一定期間、「チューター」（個別育成担当職員）を配置し、定期的なケアを行っています。

（Ⅱ）一陽では、ホーム単位の運営を縦軸とすれば、それを横断する横軸としてのプロジェクトチーム活動が盛んです。とりわけ人材の確保・育成の課題に関しては、〝人材を人財に〟というキーフレーズのもと、若手職員が中心となって「後継人財育成プロジェクトチーム」と「職員採用・研修プロジェクトチーム」が組織されており、年間人事方針の策定や施設実習指導、及び新人職員育成研修の企画実施を全面的に担っています。また研修機会および研究分野を自由に選択できるよう、一陽の研修研究費には年間450万円超が計上されており、自主的・自発的な自己研鑽環境が十分に保障されています。

（Ⅲ）一陽では「権利擁護・ディーセントワークプロジェクトチーム」や「SV（スーパーバイザー）」の活動によって、職場の人間関係や仕事のあり方に関する個々人、殊に職制的に下位に属する職員の愚痴や不満、不安を丁寧に拾い上げ、職場改善につなげるシステムが稼働しています。

さらに一陽では、①自分事化（⇒一つ上のポジションに立ち、あらゆる職場課題を他人事ではなく自己の問題として捉える意識）、②現場への権限移譲の徹底と支援型リーダー像の確立（⇒権力で上から指示し導くがごとき指導者から、対象者の成長を下から支え援ける支援者への変革＝サーバントリーダーシップ）、③権限の範囲と責任の所在の明確化、④研究・改革志向の醸成とイノベーション実践の奨励、⑤ミッションやノウハウ、社会的情勢や課題の共有…等をキャッチワードとして、（職員個々人に対して）具体的に人材価値を敷衍するよう努めてきました。

このような組織と各人の努力が実を結び、今や一陽では、「人としての尊厳を大切にする」「やりがいや働きがいを重視する」等のディーセントワークの思想そのものが、人材マネジメントシステム全体を包摂する、いわば〝カルチャー〟になりつつあります。

むすびに——リアリティとユーモアのセンスの大切さ

「権力は独善化する。情報は恣意化する。目的と責任は曖昧化する」「仕事はマンネリ化する。職員は怠惰化する。職場組織は無効化する」「不平不満は潜伏化する。人間関係は不安定化する。仲間意識は自滅化する」…これらの辛辣な表現は、常日頃から一陽の全職員間で意識され共有されている戒言です。

そもそもいかなる仕事にも、あるいはどんな職場にも〝人間関係リスク〟は存在するものですが、殊に意思疎通のままならない交代制の小集団労働であり、かつ感情のコントロールが厳しく要求され続ける児童養護施設ケアワーカーにとってのそれは、より深刻なものとなりがちです。また今もし仮にあなたの目の前に、働きやすい職場が、あるいはやりがいに満ちた仕事があるとしても、それは決して永久のものではなく、むしろ非常に脆く、壊れやすいものなのです。

さらに職場組織の運営改革には、カルチャー（風土・文化）とシステム（制度・方策）、両面の様相を捉えたアセスメントやアプローチが必要です。例えば有給休暇等の取得実態を見れば瞭然ですが、いくら有給休暇や特別休暇の制度＝システム＝が整備されていても、職場にその権利を行使しやすい風土＝カルチャー＝が醸成されていなければ、画餅に終わるでしょう。

また近時、私たちの業界では、なにがしかの

「ディーセントワーク」をベースとする一陽の人材マネジメント鳥瞰図

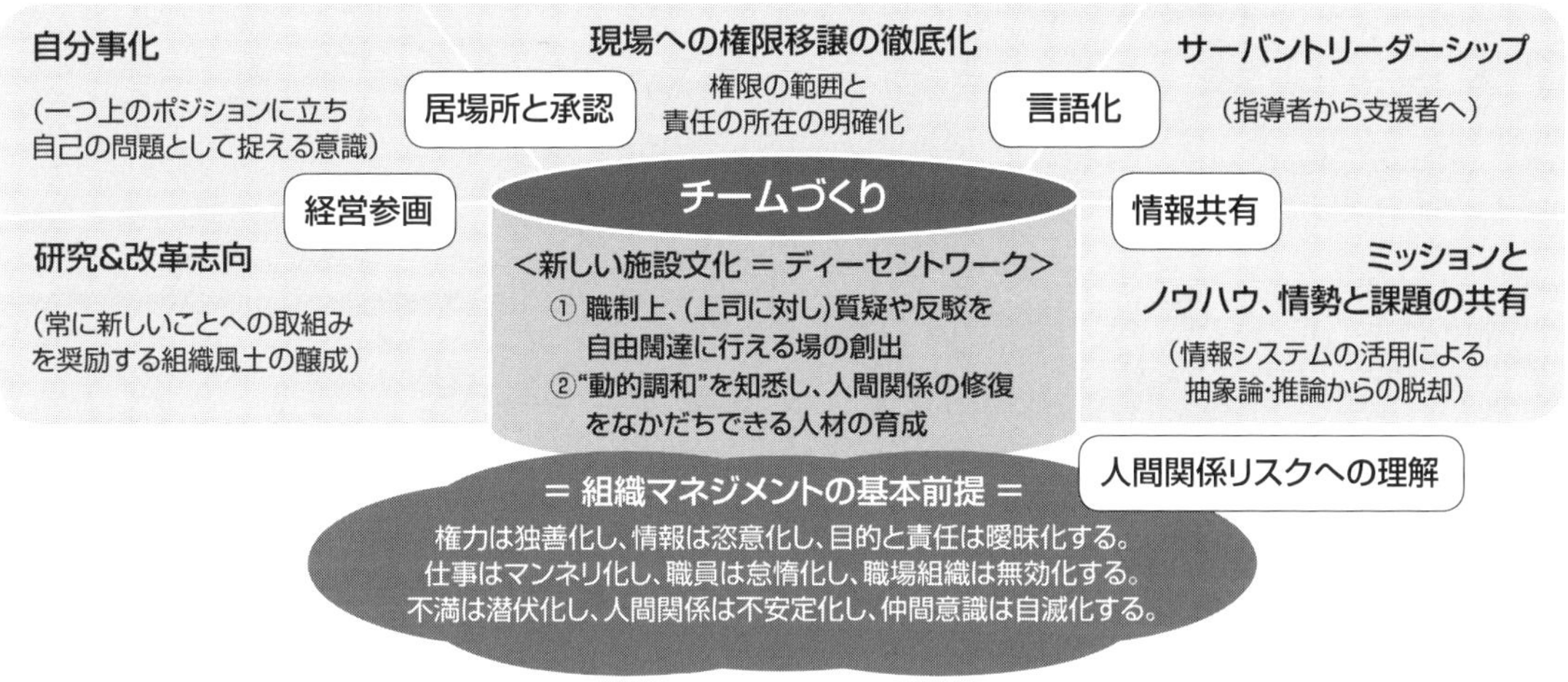

業務改革やスキル向上を図ろうとする際、整然とマニュアル化され簡明にプログラム化されたシステムを丸ごと一式導入し、それで安堵しがちな風潮にありますが、当該システムを自らの組織に根付いているカルチャーに照らし十分咀嚼して用いないと、瞬時にして合理性を失い、形式主義や教条主義の陥穽におちることとなるでしょう。むしろ個々のシステムの採用にあたっては、それ自体が万能ではなく、カルチャーを補強したり改修したりする一つのツールに過ぎないと思うくらいが丁度良いのかも知れません。

このような「人間関係におけるプリミティブな脆弱さ」や「長年にわたって浸潤してきたカルチャーの手強さ」といった、いわば組織人材マネジメントの根幹にかかるリアリティをより深く知悉しようとする不断の努力こそが、いざそこに働く者自らが、自らの問題として人事問題の解決に乗り出そうとする際において（換言すれば、ディーセントワークの確立に貢献しようと行動化し、その態様や特性等に応じ最適な工夫や作法を創り出していくフェーズにおいて）、最も有用となるのでしょう。

そして最後にもう一つ（少々欲張りかもしれませんが）。私は、既述のリアリティ感覚が研ぎ澄まされるほどに必要不可欠となってくる対の感性として、ユーモアセンスを挙げたいと思います。リアリティ感覚は、一つ間違えば、（職場内に）ある種の世知辛さや厭世観を蔓延させてしまいます。ゆえにいかなる困難に直面しても、自らの行為を、あるいは（自らと）担当児や同僚との関係を俯瞰・客観視しつつ、少しの余裕や遊び心、おかしみをもって＝つまりは常に仲間に笑顔や安らぎをもたらし、職場に陽気さや朗らかさを創り出さんとする〝チームビルディング（チームづくりへの貢献）意識〟をもって＝仕事に臨める人材をこそ、社会的養育をともに担う人財として求めていきたいと思います。

＊

橋本達昌（はしもと・たつまさ）◉中央大学法学部卒業後、地元市役所に入庁するも社会運動（市民運動＋労働運動）好きが高じて役所を脱藩。今もその多動性は健在で本業のほか地元のNPO法人や市民活動中間支援組織、自治研究センター等の役員を務める。なお尊敬する人物は、いろんな所に出没し何にでも首を突っ込む〝遊び人でお節介やき〟の遠山の金さん。

事例③

施設における職員育成の取り組みについて──桜学館の取り組みから

池戸裕子◉児童心理治療施設桜学館 生活部長

はじめに

児童心理治療施設における入所児童の被虐待児の割合は77・6%であり、心理的課題や発達障害は、広汎性発達障害が34・9%、愛着障害を含む社会的機能の障害は20・3%、行為障害は8・1%、多動性障害は25・0%、分離不安などを含む情緒障害は5・1%(重複あり)とのアンケート結果がみられます(平成29年度児童心理治療施設実態調査 厚生労働省・文部科学省要望に向けたアンケート調査結果のまとめ)。また、同アンケートの、職員の健康状況に関する結果から「職務中に怪我をしたり、ストレスによる精神的、身体的ダメージを受けたりした職員」が59名(前年度39名)であり、「休職退職をした職員」が、15名(前年度12名)であったことが分かります。

これは特に児童心理治療施設に限った傾向ではなく、他の児童福祉施設でも似たような結果がみられるのではないかと想像されます。施設に入所してくる子どもたちの成育背景の複雑化や、子ども自身のもつ発達障害的傾向などから、施設の職員の対応力の向上がますます求められています。一方で、職員のメンタルヘルスの面においては、前年度に比べ確実に悪化している状況がアンケートの結果からみられます。

虐待を受けるなどが原因で、大人との愛着形成が十分でない子どもたちは、施設に入所し、施設の職員との愛着形成を目指しますが、簡単にはいきません。これまで大人を信じても「いいこと」が何もなかった(むしろ辛いことが多かった)子どもたちが、目の前にいる施設職員をいきなり信じられるはずがないからです。それでも毎日の生活の繰り返しのなかで、子どもたちは少しずつ変化と成長をしていきます。その伴走者となるのが児童福祉施設の職員です。子どもたちからの「試し行動」に振り回され、時に心も身体も傷つきながら、それでも職員が伴走し続けるには、どのような職員へのサポート・育成教育が必要なのでしょうか。

私自身、児童心理治療施設 桜学館に勤務し11年間児童指導員として子どもたちへ直接処遇を行ってきました。2年前から生活部長として、職員のサポートをする立場となり、「職員をどう支えるか、育成するか」ということを考えるようになりました。また、入職3年未満の職員が全体の約48%を占める現在の桜学館の職員構成からも、職員育成の必要性が高いと感じています。このような状況の中で、桜学館において取り組んできた「職員育成、職場づくり」を振り返り、今後の社会的養護における職員の育成と確保に向けてのヒントを得たいと思います。

これまでの職員育成から見えてきた課題

これまで桜学館では、職員育成のプログラムが十分に確立されていませんでした。新人職員は配属されたユニットごとに、先輩職員から仕事のやり方を教わり、仕事をしながら覚えていくという方法が主でした。しかし、このやり方ではユニットごとに職員育成過程に違いが生じ、施設の中で起きた問題への対処に関しての意見の統一がなかなか図れず、結局はユニットごとに問題解決を任せられ、問題をユニットで抱え込むという状況を招くことになりました。

他方で、施設の方針等が施設の上層部で決められ、若手の職員たちは決定されたことに従う状況がみられていました。組織としての運営上はこのようなシステムも有効だと思いますが、若手職員のアイデアや意見を拾い上げる機会が少なく、職員のモチベーションの低下を招く危険性が感じられました。

このような状況から、①入職時点での統一された職員教育が未確立であること、②職員同士が自由に自分の意見を出し合える機会が確保されていない、という課題が見えてきました。

新人職員教育の取り組み

そこで、まずは入職時点での統一された職員教育が未確立であるという状況に対して、新人職員教育の体系化を目指しました。具体的には以下の3つを新人教育として取り入れました。

①新人教育のプログラム作成と計画的実行
②チューター制度の導入
③毎日の振り返り記録の記載

まず、①の新人教育のプログラムとは、施設長による「施設の理念と児童心理治療施設における総合環境療法に関する講義」から始まり、以下「チームワーク」「児童権利擁護に関して」「施設内における療育プログラム（セカンドステップ・SST）」「心理職との協働」等の講義を、主任職員たちに担ってもらいました。これには、主任職員たちの知識と経験が大いに発揮されたと感じています。この基礎的な知識を学ぶ講義を、入職して1か月間で実施します。その後、入職して2か月目には具体的な子どもとの関わり方を、セカンドステップの技法などから学ぶ講義を受けます。入職し2か月程すると、新人職員は子どもとの関わりに難しさを感じる場面を経験するようになります。セカンドステップを学ぶことで、子どもたちとのやり取りに余裕が持てたり、ヒントを得ることができます。また、先輩職員たちの子どもとの関わりに、セカンドステップの技法を取り入れた声のかけ方や対応の仕方が含まれていることを発見することもできるようになります。最終的に、入職後3か月目に新人教育の講義を受けた感想と、現時点での自分の課題を新人職員同士でグループディスカッションする機会を設けます。

このように、入職した時点で共通の講義を受けることで、基本的な共通の知識を得ることができたのではないかと思います。

②チューター制度とは、新人職員一人ひとりに専属の教育係が付く制度のことを言います。主に、同じユニットの先輩職員が1年間、教育係として新人職員に付きます。これは新人職員への効果と同時に、チューターとなった職員の成長も感じられました。自身の経験を後輩に伝え教えていく体験から、自分を客観的に見ることにつながったのではないかと考えられます。

③毎日の振り返り記録の記載とは、新人職員が業務中に感じたことなどを、振り返り記録として記載し、それをチューターに見てもらう取り組みです。新人職員は日々、子どもへの対応の不安や自信のなさ、疑問、反省など様々な思いを抱きながら仕事に向き合っていきます。その日の自分の仕事を振り返りながら、気持ちなどを書きだすことで、自分の思いや考えを整理する経験をすることを狙いとしています。また、

施設職員は意外と「書く」業務が多いので、「書く」ことに慣れること、記録をまとめることへの訓練的な意味も含んでいます。

この「振り返り記録」には、チューターがコメントを書くようになっており、その後、ユニットリーダーが目を通し、私も目を通しています。この振り返り記録は約半年間継続します。半年程経つと、振り返り記録に書かなくとも、日常業務のなかで先輩職員に相談をしたり、質問したりすることができるようになっていきます。また、子どもとの関係の取り方など、自分なりのスタイルを持つようになることから、振り返り記録の必要性は薄らいでいきます。

振り返り記録を書いてもらうことで、指導する側の大きな収穫がありました。それは、新人職員それぞれの性格や物事の捉え方の傾向を知ることができることです。指導者側が、これらを把握していることが新人職員のバーンアウトを予防することにつながると考えられます。児童福祉の仕事の面白さや、やりがいを感じる前にバーンアウトしてしまうことは、職員本人だけでなく同じ職場で働く他の職員にも様々な影響を与えます。なにより施設に入所している子どもたちの動揺を想像すると、職員がやりがいを持ち、長く働きたいと思えるような職場づくりが重要であると思います。

職員全体会議での自由討論時間

次に、職員同士が自由に自分の意見を出し合える機会として、毎月の職員全体会議に自由討論の時間を組み入れました。これは、施設全体に関わるような事案に関して職員全員がいくつかのグループに分かれて意見を出し合う場です。この取り組みを始めたことで、桜学館で取り組み始めた活動があります。それが、子どもたちを集団で遊ばせるクラブ活動の取り組みです。

桜学館でみられていた問題として、自由時間内での子ども同士のトラブルの多発があげられます。時にそれは性が絡んだ問題にも発展する危険性があり、この問題をどのように予防していくかが検討事案としてあげられていました。この検討事案を、自由討論会の議題として取り上げ、全職員で話し合いを行いました。そこで出された意見を集約し決定したのが、「職員が子どもたちの遊びのなかに交じって見守る」という方針でした。トラブルを避けるため「管理する」方向に流れがちですが、自由討論を経て決定されたのは子どもたちを管理するのではなく、共に遊びながら見守るという方法でした。

大人が一緒に遊ぶことで、ルールがあると安心して遊ぶことができること、譲り合うことの大切さ等を伝え、集団で遊ぶことの楽しさを体験させることが、桜学館に入所している子どもたちに必要であると全職員で決めた方針でした。

そこから発展し、現在は性教育委員会が中心となり、子どもたちの興味のある活動を取り上げ、クラブ活動の形で子ども集団を形成し、見守るシステムができつつあります。このような経緯を振り返ると、職員が自由に意見を出し合いながら自分たちで施設を創っていくという感覚が、職員のモチベーションの向上につながるのだと思います。実際、新人職員からは、「性教育委員会がやっている、クラブ活動に自分も参加したい」という意見が聞こえてきます。

自分たちで話し合ったことが、どのような形で施設運営に反映されるのかが見えることで、職員のモチベーションがあがり、それによって施設の雰囲気が明るく元気になっていくことを実感しています。

おわりに——今後の職員育成と職員確保に向けて

桜学館でのこれまでの取り組みから、職員育成に必要なことは何であるかを考えたいと思います。そして、そこから職員の確保に向けてのヒントが見つかるのではないかと考えます。

児童福祉の現場での仕事は正直大変なことが多いと感じます。子どもとの関係性を築きつつ、個別の課題に向けた支援を進めていかなくてはなりません。子どもとの関係だけではなく、その家族や地域資源との連携も必要になってきます。まさに、ケースワークからソーシャルワークまで担う力が求められます。子どもが起こす行動に頭を悩ませ、自分の力不足に涙する職員をたくさん見てきました。そのようななかでどのように、この仕事の面白さや魅力を伝え、実感させることができるのだろうか。そのひとつの答えが、桜学館で取り組むなかで見えてきたように思います。

第一に、実践に即した知識が必要であると思います。もちろん、大学や短大などで学んできたことはベースとなりますが、そこに児童心理治療施設での実践に即した知識を学ぶ機会が必要であると感じます。そして、継続したサポート体制により、新人職員は気持ちに余裕をもつことができ、そこから仕事の面白さや、やりがいを見出すことができるのではないかと考えます。

第二に、職員が主体的に動くことのできる環境づくりの重要性です。職員が自分たちで考え動くことで、子どもへの支援が変わっていくことを実感することは、職員のモチベーションをあげることになります。職員が主体的に動くためには、施設における物事の決定経路が分かりやすく、シンプルでなくてはなりません。何もかもを職員全員の話し合いで決定することはできませんが、今後も職員の話し合いの場を有効に活用していくことが、職員の育成につながっていくと考えます。

最後に、職員確保に向けてどのような工夫ができるかを考えていきたいと思います。

児童福祉の仕事の面白さをどのように伝えていくのかがポイントになると考えます。施設の生活や職員の雰囲気、子どもの様子を感じてもらうのは、実際に施設に来て一緒に生活することが一番だと思います。そのような機会を作るのはなかなか難しいのですが、実習生などの受け入れの機会をどのように活用できるかもヒントになるのではないかと思います。実際、ここ何年かは施設で実習した学生が入職希望を示してくれる傾向があります。このように、直接施設の中の雰囲気を知ってもらう機会を活用しながら、職員を確保することが有効ではないかと思います。

私自身、児童福祉の分野で仕事をしていて辛い経験をすることも多いですが、一方でやりがいがあり、魅力的な仕事であると感じています。この魅力を一人でも多くの人に伝えることが今後の児童養護における職員確保のひとつなのではないかと思います。

＊

池戸裕子（いけど・ゆうこ）◉児童心理治療施設桜学館にて勤続13年。児童指導員を経て2年前より生活部長として施設運営や職員育成に携わるようになる。施設の運営に関わるようになり、改めて自分の力不足を痛感している。そんななかで、入所している子どもと家族が笑顔になり退所を迎える時に立ち会えることが一番嬉しい瞬間であり、この瞬間があるからこの仕事を続けられると感じている。

事例❹

彩り豊かな先輩職員、新しい風となる新任職員

近藤瀬里◉二葉乳児院小規模グループホーム 保育士

はじめに

二葉乳児院での保育士としての御縁も、はや6年となりました。まだまだ学ぶことばかりで、お子さんたちにはっとさせられ、仲間の職員たちには刺激され、自分自身に自問自答しながらの毎日です。私は日ごろ、お子さんたちと過ごしていますが、ご家族の支援、ご家族を支える地域や福祉の支援、そもそも社会における福祉とはなにか、働く期間が長くなればなるほど、考えさせられることは多くなりました。それでも、この仕事が好きで、お子さんたちと笑い、汗を流し日々過ごしています。そんな悩ましくも楽しい日々を、共に悩み喜び、答えのない問題を考え最善を尽くし合ってきたのは多くの仲間たちです。

しかし残念ながら、辞めていく後輩が少なくないことも事実です。そこには様々な事情があるとは思いますが、もっと乳児院で働くことの悩みを共にし、解決策を考え、楽しさを沢山感じられたら…と思うこともしばしばあります。目新しいことはありませんが、乳児院の保育現場にいながら感じる職員の育成について考えていきたいと思います。

お子さんたちの育ちにつながる仲間の育成

新任職員の育成に際して、乳児院職員として守るべきポイントや大切にしてほしい姿勢はあります。しかし、それらにとらわれすぎず、まずはこれから一緒に過ごす仲間として認め合う関係が、私は望ましいのではないかと思います。新任職員は、今までにない発想や視点で、新しい風を吹かせてくれることがあります。新任職員一人ひとりの個性や良さを伸ばせたら、彼らの育成だけでなく、ひいては、お子さんたちが豊かな人間関係の中で育まれることになるでしょう。新任職員を上下関係ではなく、仲間として受け入れ育成していく姿勢を前提に、以下に6点のポイントを考えてみたいと思います。

①個々の職員に合った指導の仕方

人によって、伸びるポイント、伸びる時期は異なります。例として、〝四角の中に丸を描いてください。その丸の中に点を三つ描いてください〟といった指示を出した際、でき上がる図は様々です。赤ちゃんの抱き方やお子さんをみながらの食事の片付けなど、先輩職員にとっては当たり前で簡単な指示でも、初めて聞く新任職員にとっては想像できず、また、失敗したく

ないという不安感もともない、プレッシャーの大きな行動となります。

まずは、なにをどのようにいつまでにと、具体的な指示を出し、場合によっては見本を示して伝えていく必要があります。

さらに、一律に同じ方法で教えるのではなく、相手の考え方のクセを知り、その人に理解しやすい表現で伝える必要があります。また、タイミングも大切です。相手が他のことに一生懸命になっているところに、いくら教えたいからといって、新たな指示を出しても正確性に欠けます。相手のキャパシティや状況をあらかじめ把握して進めていくことが求められます。

また、伸びる時期やスピードも人それぞれです。自分でじっくり考えそのあと行動に移すやり方の人、失敗は多くても初めから次々に実践していくやり方の人、など様々です。子どもたちは成長を待ってはくれません。新任職員一人で保育する時間帯もでてきます。先輩職員として、焦る気持ちはありますが、長いスパンで見守る姿勢が必要かと思います。

②聞くことから始める

新任職員は時々思いもよらぬことをすることがあります。きっと、誰だってそうだったと思います。その時、先輩職員からみて不思議でも、新任職員なりの理由があるでしょう。まずは、それを聞くことが大切だと思います。そこには、その職員の価値観や理解がたくさん詰まっており、どの点を大切にしたいのかを知ることもできます。その思いをまずは受け止めたうえで、よりよい方法や乳児院職員として望ましい行動を教えていくこととなります。理由がなければなかったで、職員のひとつひとつの言動がお子さんたちの人生に大きく関わっており、理由をもって行動することの大切さを教える機会にもなります。

否定しない関係は、ちょっとした不安や息抜きの話もしやすくなります。日々、子どもたちの安心と安全を第一に、楽しくも緊張して過ごしているからこそ、ふとした会話が助けになることが多々あります。保育技術的にも、精神的にも支え合う関係になれるとよいと思います。

③理由を伝える

ただやることを教えていくのでは、その意味やそこに至るまでの経緯がわかりません。大切なことは、方法ではなく、なぜそうするのかという目的です。ゆえに、今までの方法が常に正しいわけではなく、時代や状況によって更新されていくこともあります。更新するものなのかそうでないものなのかを見極めていくためにも、方法を教えるだけでなく、その意味や目的を伝えることが大切になります。

新しい方法が生まれることは、多角的にお子さんを育てる意味でいいことでしょう。また、そもそも、そうやって自発的に考えられること自体が素晴らしいことです。ポイントを理解してもらうために、初めこそ丁寧に教えていくことが大切です。

④施設としての方針や基準の明確化

乳児院で働く以上、お子さんの幸せを第一に考えていることは誰でも同じだと思います。乳児院の支援の特性として、職員の成育歴や価値観が出やすい環境だからこそ、なにを〝幸せ〟とするのか、どういった支援を最善とするのか、千差万別になりやすいことが挙げられます。また、お子さんの退所後の姿が分からないことが多く、行ってきた支援がどのようにつながっているのか分かりにくくなります。

千差万別になりすぎない一つとして、一日の流れや業務の進め方を、どの順番でどのようにしていくのか、わかりやすいマニュアルがあるとよいと思います。

マニュアル化できない対人間としての部分においては、揃えないにしても、常日頃から先輩職員同士も風通しを良くする必要があります。先輩職員でも様々であるという前提のもと、各々のよさを吸収し、あなたはどうするか？と、共に考えてゆけばいいと思います。

また、当たり前ですが、施設としての方針、優先順位も明確に提示するべきです。それは、そこで働く際の職員の原点となります。

基準や方針が変化することはままあります。職員は、今までその下で試行錯誤して誠意を尽くしてきたわけですので、変化がある場合には、チームの一員として、そうなるに至った経緯も簡潔にでも伝えることが望ましいと思います。

⑤ひろい視野での支援

当法人では、院内の全部署、法人内研修、法人内交換研修、法人外研修を行っています。

保育現場では、目の前のお子さんだけに力を注ぎがちですが、院内すべての研修を行うことで、お子さんの生活を築くすべての事柄、例えば洗濯や、食事作り、ご家族への支援、とひろい視野をもつことができます。そうすることで、お子さんの生活を点にとどめず、点と点をつなげる意識をもてるようになります。様々な人の支えがあっての私たちであり、お子さんたちであること、お子さんにはこれまでやこれからの人生があることを理解するのです。

法人内の研修では、保育園と児童養護施設があるため、お子さんの地域での姿や乳児院以降の施設での姿に思いをめぐらせることができます。他施設の職員と交流することで、法人としての意識を強く持つきっかけにもなっています。

法人外の研修では、年に一度、グループごとに興味のある団体に伺わせていただいています。別の乳児院へ伺うグループ、療育センターへ伺うグループ、世界各国の育児現場のドキュメンタリーを鑑賞するグループ、と様々です。こういった機会は、お子さんを多角的に捉え、お子さんの世界をよりひろげる原動力になっています。また、職員自身が彩り豊かになること自体が、お子さんを豊かにしています。そして、仕事の場以外で、仲間と経験を共にすることも、仲間をより知る機会となっているのです。

⑥振り返る

何事にも、フィードバックが大切です。私が考えるフィードバックとは、内容の吟味以前に、責任を持って動いているそのことをしっかり先輩職員はみて、それ自体を十分称えることから始まります。そのうえで、教えられたことを実際にどう実現させたのか、行動しみてどうだったのか、行動できなかったとしたらそれはなぜか、共に考えていきます。明確な正解がない仕事だからこそ、時には評価が自信や学びを生みます。その場の空気感も関わる仕事ですので、時間をおいてのフィードバックだけでなく、その場での問いかけも効果的だと思います。

そうして、教えること→実践→振り返りを繰り返し、ある時期にきたら、その職員に得意なことやよいところを引き出し、任せていくステップを踏み、さらなるチームの一員としての自覚を促します。

こうやって考えると、新任職員を育成するということは、お子さんを育てることと通じるのではないかと思います。大人には何十年と生きてきた土台があり、全く同じとは言いませんが、〝一定のルールは理解してもらいながら、各々の個性やペースを尊重し、否定せず見本を見せながら丁寧に教えていく〟という当たり前のことを当たり前にやっていくことが近道になることもあります。

乳児院で働くということ

どんなに先輩職員が育成論を述べても、新任職員にも仕事をしていく覚悟がなければ、歯車はかみ合いません。その資質としては、乳児院運営指針が基づくものになるでしょう。それ以外に、心構えとして4点を考えます。

まず、人々は生きていくうえで、いやでも影響し合い、どの仕事でも人を形づくる大切な役割を担っています。特にこの仕事は、直接的にお子さんの人生に関わるものです。入職する前に今一度、その意味を自覚してもらうことが大切ではないでしょうか。

　次に、教えられたことをまずはやってみるということです。先輩職員たちが培ってきた知識や経験には意味があります。また、新任職員と先輩職員では見えている景色が異なります。新しい風を吹かせる前に、その場の在りようをよく知ってみるものです。

　そして、新任職員が千差万別なように、先輩職員も千差万別であると理解することです。さらに、関係機関や関係施設とは協力しつつも、支援する立場の違いから、さらなる違いを感じることもあるでしょう。しかし、チームでやっていくうえでは、そこで投げ出さない、妥協力とでもいいましょうか、柔軟性も資質となります。妥協を、あきらめと言い捨てず、一つの考え方が決定的に正しいとは限らないことを学べる良さ、と捉える力があるとよいと思います。

　最後は、妥協するだけで終わらせない問題解決能力です。もっと言えば、ルーティーンをこなすだけでなく、問題を発見し解決する力が求められます。家であれば、家計や家事、子育てなどすべてのことは、誰かに任せることはできず、妻と夫などが相談しながら動き続けなければなりません。私は、乳児院は大きな家だと考えています。もちろん乳児院での役割分担はあるものの、自分も家族の一員という自覚を持ち、常に支援の改善策、組織としての改善策を考えていく力も求められます。

　そして、どの仕事であれ、どんなにやりたくても、合う合わないはあるものだと思います。お子さんやそのご家族の人生に大きく関わる仕事だからこそ、職員のやり方が、個性の範囲内なのか、今の施設の方針と合っているのかを、お互いに見極めることも必要です。

おわりに

　私ごとになりますが、私がどんな仲間に憧れるかを考えた時、仕事に誇りを持ち前向きで一本筋の通った姿が真っ先に浮かびます。いかにお子さんの訴えたいことに気づけるか、遊びが豊かか、穏かな話口調か、など、具体的なポイントは様々にあります。そのポイントごとにどう評価するかは、今まで述べてきたように様々で、すべてが自分の理想と合う人はなかなかいないでしょう。自分と異なる考えだとしても、自身の信念に基づいて人間性や保育技術を磨き、課題に前向きに向き合い、「この仕事は大変だけど楽しいね」と言う仲間の姿は、それ自体が学びになり、勇気づけられるものとなっています。

　この記事を書かせて頂くにあたり、私はまた、多くの仲間に助けられました。〝新任職員の育成〟といいつつも、先輩職員一人ひとりが、前向きに仕事に取り組み、自分を磨いていくことが、その第一歩になっているのかもしれません。

＊

近藤瀬里（こんどう・せり）◉二葉乳児院小規模グループホーム保育士。他機関の子育てひろばで2年従事後、二葉乳児院でのパートを始め、現職に至る。保育士、社会福祉士。

事例❺

母子生活支援施設における人材育成と人材の確保

加藤智功◉きーとす岐阜　少年指導員

はじめに

はじめに母子生活支援施設とはどんな施設であるかを紹介しようと思います。以前は母子寮と呼ばれ、その始まりは１９２９年の世界大恐慌の影響で１９３２年に制定された救護法に盛り込まれています。その後、第二次世界大戦後の戦争未亡人の住宅対策という社会的に必要で逼迫した課題への対応で１９４７年に児童福祉法が制定され全国に多数設置されました。戦後の復興に伴いその役割も時代に合わせて変化してきました。

１９９８年の児童福祉法改正により名称を母子生活支援施設と変更し、母子家庭の様々な課題において最前線で支援を展開する施設として今日まで続いています。さらに２００４年には、アフターケアの実施も法的に明記されました。多重債務の問題、ＤＶ問題、家族再統合、社会的養護施設として貧困対策などにも取り組んでいます。現在、全国に２３５施設（平成27年厚生労働省調べ）あり、約４３００世帯の利用者が生活をしています。

平均的な20世帯の施設の場合、施設長１名、母子支援員３名、少年指導員２名その他加算職員として保育士、被虐待児個別対応職員、心理職員と設置はできるもの、全体的な職員数は少ないのが現状です。世帯に対しての人員配置であり、多子世帯の入所が多くあった場合には利用者一人ひとりに対しての職員比率は低下します。少ない人数で利用者世帯の自立のために日々支援を行っています。

母子生活支援施設で行われている支援

母子生活支援施設における支援には、他の社会的養施設とは違い二つの側面があると言えます。一つは、母親の課題解決に関する支援。もう一つは子どもに対しての支援です。

子どもに対しての支援というものは、みなさんの想像のできる内容であると言えると思います。少年指導員や保育士が中心となり、学習支援や身辺自立への支援。予防接種の調整や保育所や小中学校との連携調整など、子どもを取り巻く環境の整備など子どもを育てることへ直接支援をしていくことです。子どもに対する支援という部分について言えば、児童養護施設や乳児院と似たところもあると思います。しかし、母子生活支援施設が他の児童福祉施設と決定的に違うことは、そこに母親が存在するということです。例えば、離乳食の作り方に不安があると相談があれば、職員が一緒に離乳食を作るといった、目の前で継続的に解決していくことが可能であるということです。また、掃除ができない利用者の場合、子どもを養育する環境として適切ではないという説明をしたうえで母親の了承を得て、職員も一緒に居室の清掃に入ることができるということです。

もちろん、私の勤務するきーとす岐阜でも居室の清掃に職員が入ることもありますし、子どもや母親の困りごとについて関わることもあります。ネグレクト傾向にある母親が、登校時間に子どもを準備させることができず、結果的にヒステリックに子どもへ怒りをぶつけることも日常的にあります。登校時間前に職員が居室へ訪問し母親と子どもの感情のぶつかり合いを事前に調整することで登校時間に間に合うよう調整したりします。

また、場合によっては子どもの発達検査を実施した結果療育手帳（愛護手帳）の取得が可能であるという結果が出た場合、母親の障害受容という点で寄り添い子どものために今は何ができるのかを一緒に考えたりすることもあります。利用者である母親に言いにくいことを伝える必要も日常的に出てくるため、職員一人ひとりの対人技術は必要不可欠です。

もう一つの支援は、母親の問題解決への支援です。ここでいう母親の問題解決というものはとても幅広く離婚問題や負債の整理や養子縁組の解消など多岐にわたります。主に母子支援員がこれらの支援に対応していきます。

例えば夫のＤＶを理由に入所してきた場合、安全な状況を確保したうえで離婚をすることを主な課題と捉えます。離婚するためには、調停や裁判をしていくことになりますが、併せて婚姻費用請求や慰謝料請求、子の監護者の指定審判や養育費請求や面会交流申し立てなど複数の請求や申し立てに取り組まなければならない状況があります。もちろん弁護士と連携しながら行うことになりますが、自分の思いを文章で表現できる利用者の方は少ないと言わざるをえません。

また、今行っている申し立てが何を求めているのかということを瞬時に理解できる利用者はさらに少ないのが現状です。これらを弁護士と利用者の間に入って説明したり、文章作成の支援をしたり考えをまとめていく支援をすることが職員に求められます。また、それぞれの申し立てに必要な住民票や戸籍謄本などの書類交付の支援なども並行して行っていきます。母子生活支援施設に就職して間もない職員がこれらのことにすぐに対応できるかと言えば、それは難しいと言わざるをえません。

本来であれば若い職員へ支援の方法やバリエーションを伝えていくべきである私も日常の業務の中で若い職員と一対一で懇切丁寧に教えていく時間はさほど取れないのが現状であり次世代育成を考えたときにどこまでの支援技術が伝達していけるのか正直計り知れない状況です。

私にも若い頃があり、いろいろな支援技術を習得してきたのですが、先輩職員のやっている手続きについて自分で調べてみたり、自分の時間を使って学習会に参加したりといったことが思い浮かぶばかりでシステム化された教育体制のもとで効率的に学んできたかというと全く効率的ではなかったと言えます。

ＯＪＴが中心の人材育成を行わなければいけない現場

先に述べたように、離婚手続き一つとっても多くの支援が必要となります。これらは、それぞれのケースにおいて内容ももちろん異なり状況は変わります。10ケースあれば10通りの状況があるのです。例えば離婚と同時に負債の整理もやっていく必要がある場合については財産分与などで調整していくことになります。では、どうやってこれらの支援に対応できる職員になれるのかというとＯＪＴで経験を積み、周りの先輩職員から教えてもらいながら少しずつできることを増やしていく必要があるのです。多様なケースに対応できる職員を育てるには長い時間と経験が必要になるのです。私自身がよく聞く話ですが、ベテランの職員が定年退職などで退職すると、その施設の支援内容が著しく薄くなるということも珍しくありません。それくらい母子生活支援施設での支援は職員のノウハウに左右される側面を持っているということが言えるのかもしれません。

利用者の生活上で起きる様々な問題に対応していくとは、利用者の人生を左右していく事柄も多く、様々な支援を行う場合のメリットとデメリットも利用者に伝えながら利用者の決める最善の選択へつなげなければなりません。そのため職員の精神的な負担も大きいと言えるでしょう。日々の当たり前に過ぎていく支援の中で職員自身が気づかない間に疲弊してしまっていることも少なくありません。しかし、職員が元気に活き活きと働くことができなければ支援は行き届かなくなります。母子生活支援施設にとって職員は正に人材ではなく人財です。

働きやすい環境の整備

前述してきたように人材育成に非常に時間のかかる状況がある中で施設の支援を安定させるためには何が必要なのでしょうか。一般的な母子生活支援施設は男性職員の数が少ないのが現状です。言い換えれば女性職員が圧倒的多数であるということです。近年の男女共同参画の取り組みで女性にとって働きやすい職場環境の整備が進められてきました。育児休暇の積極的な取得もその一つかもしれません。職員の中には結婚出産を経て復帰する方もあるかと思いますが、まだまだ少ない印象を受けます。シフト制の交替勤務を行っている施設がほとんどであると思いますが、継続して働くことの難しい職場であると言えるかもしれません。

その理由は冒頭で述べたとおり、母子生活支援施設の職員配置の少なさにあると思われます。少人数でシフトを組み、３６５日24時間利用者のために安心安全な居住空間を確保し、それぞれの課題の解決に向けた取り組みを細かく行っている状況に、余裕があるということはなく、継続して働くことが職員の家族の生活にも負担をかけかねない状況であることが予想されるからです。

私の勤務しているきーとす岐阜では、加算申請できる職員については、できるだけ加算配置するように努めています。そのうえで、職員の希望を柔軟に取り入れてシフトを作成し、職員の家庭の様々な用事等へ配慮する取り組みや、有給休暇の積極的な取得を促すなど、職員の生活を安定させる取り組みを行っています。昨今の労働環境や就労事情を考えた場合、休日も十分に取ることができるように考慮することは必然的であると考えられるでしょう。支援する職員の状況が安定していなければ、利用者に対して細やかな支援ができる状態にはならないと考えています。実際、自分の仕事に集中できる環境を準備してもらっているという実感もあります。

また今年度より、法人としての取り組みとして職員に対しての人材紹介支援事業が始まりました。職員の紹介した就職希望者が当法人に就職できた場合、紹介した職員へ手当が支給されるという事業です。その後、職員が紹介した人材が継続して就労できれば、そこでさらに手当が支給されます。

この取り組みでは、自分たちの働く法人に職員自身が魅力を感じ、さらに良い法人となっていくことができるようにという取り組みであり、自分の働く法人の魅力を就労先を探している求職者に発信していく画期的な取り組みであると言えると思います。まだまだ始まったばかりの事業であるため、結果については今後検証されていくと思いますが、自分の働く法人をこれから働いていく人材に誇りを持って紹介していくということは、自分の仕事への振り返りやモチベーションの向上といった成果がついてくるのではないかと思います。この事業について私たち職員も期待しています。

今後の人材確保について

今、老人福祉の特別養護老人ホームや障害者入所施設などでも職員の確保が難しいと言われている状況があります。児童養護施設をはじめ社会的養護を担う施設でも同様に人材不足が叫ばれるようになっています。また、それと同時にベテラン職員の施設離れもよく耳にするようになりました。

これはソーシャル・アクションになるかと思いますが、福祉業界は慈善事業であるという歴史的かつ社会的な評価があります。古くは聖徳太子の時代から仏教思想による慈善的な活動が中心となり、民間を中心にして社会的養護は脈々と受け継がれてきました。しかしこれまで宗教や個人の熱い思いに支えられて発展してきた状況は否めません。

日本という国が現在において社会的にどうやってこのシステムを守っていくのかが問われていると思っています。

子どもたちのケアにあたる職員にもやはり家族があり生活があります。決してボランティアで生活が成り立つようなことはありません。平成29年度には処遇改善加算の見直しはありましたが、施設職員の給与体系は各法人の自助努力はありますが、それで十分であるとは言えない状況です。年齢とともに収入の面で生活が厳しい状況を迎え、情熱はあるものの福祉の業界を生活のために離れていくことは全体的に見て福祉業界の損失にしか思えないです。ある程度の年齢になってもしっかりと安心して志高く仕事をするうえでも給与体系の充実と働きやすい環境の整備は必要不可欠だと思われます。

今までのような環境では、働いている職員の情熱的な気持ちだけでは成り立っていかなくなるでしょう。そして人材確保は難しくなるばかりだと思われます。これから就職をしようと思う若い職員が安心して就職できる報酬と環境を確保する必要があると思います。放課後等デイサービスやＮＰＯ法人など福祉関連の活動の裾野が広がっていることを考えると、福祉人材にとっては選択の幅が広がってきたと言っても過言ではないでしょう。第2種社会福祉事業などについては積極的な民間参入も行われています。人材の確保について競争力を意識しなければならない時代に入ってきたと言えるのではないでしょうか。

＊

加藤智功（かとう・とものり）◉母子生活支援施設きーとす岐阜 少年指導員。前職から数え、母子生活支援施設での指導員歴は18年。変わりつつある母子福祉の現場で感じることは、入所型での支援と並行した在宅型の母子の支援の展開に可能性があるということである。

事例❻

ファミリーホームの人材確保と育成について

伊藤龍仁◉ファミリーホーム☆マギカル

ファミリーホームの人材確保

２００９年に制度化されたファミリーホームは現在３１３か所（２０１８年3月）ですが、目標とされる１０００か所までには明らかに担い手が不足しています。私たちが暮らしている名古屋市においても5か所から増えません。その理由にはファミリーホームへの児童の委託が進まず事業運営に支障を来している現状もあります。しかし、ここでは担い手をどのように確保するかについて考えてみたいと思います。

ファミリーホームにおける人材確保と育成について考えるとき、施設とは異なるファミリーホームの養育を理解する必要があります。ご存知の通りファミリーホームは里親制度同様の「家庭養護」と位置づけられており、その養育に当たる者は職員ではなく養育者と呼ばれます。以前は「施設と里親の中間形態」といわれることもあったファミリーホームですが、今は里親同様に一家庭として地域にあり、施設ではなく里親を拡大したものであると定義されました。そしてファミリーホームの養育者には里親登録をすることが求められるようにもなりました。ですから、里親の一部がファミリーホームを担っていると考える方が自然だと思います。そのため、養育者は施設職員のように有資格者である必要もなく、行政や養成機関等で担い手を確保するための講習会等が取り組まれているわけではありません。

ファミリーホーム養育者の要件は、①養育里親として2年以上同時に2人以上の委託児童の養育経験を有する者、②養育里親として5年以上登録している者であって、通算して5人以上の委託児童の養育経験を有する者、③乳児院、児童養護施設、児童心理治療施設又は児童自立支援施設において児童の養育に3年以上従事した者、④都道府県知事が①②③と同等以上の能力を有すると認めた者、と児童福祉法施行規則に定められています。つまり、里親を経てファミリーホームを始める場合と、施設職員を経て始める場合があるわけです。

施設養育との違いについて

施設職員の場合には保育士や社会福祉士等の資格や教員免許等を有していることが一般的です。ですから、③の施設職員の経験を有する者は、それぞれの資格・免許を得るための教育機会を経ています。例えば、4年制大学で保育士資格を得るためには一般教養科目に加え、児童福祉法や保育所保育指針などの専門領域の法令にも触れながら、発達心理学や社会的養護を含む専門科目など、最低でも120単位以上を履修しなくてはなりません。また、施設で専門職員集団に所属した実践経験は、ファミリーホームでも役立つ様々な見識やヒントにつながります。また、施設でさらなる研修機会にも恵まれます。私自身、ファミリーホームの養育のベースは、19年間の施設職員としての経験や学びに基づいていることは否定できません。そうした知見があったからこそ乗り越えられた困難も多々ありました。

一方で、施設職員としての経験がファミリーホームに絶対に必要だとは言い切れないことも事実です。それどころか悪影響もありました。例えば一時期、我が家でも当番活動やルール作りに取り組みました。また、グループワークを知っているばかりに不自然な取り組みを設定したり、定期的な話し合い活動をしてみたり……だんだん我が家が「施設的」になった時に、妻や経験豊富な支援者に「あなたはいったいここで何がしたいの?」と問われてはっと気づいたりしたわけです。

また、今日の施設では暴力問題に対応する安全委員会方式や、性問題に対応する性教育プログラム等に取り組む施設も増えています。中には職員と子どもがロールプレイを演じて避妊具の使用方法を公開で学び合うような性教育プログラムに取り組む施設もあるようです。しかし、一般家庭ではそういう取り組みは為されていません。ファミリーホームにもこれらの導入を図るべきだという意見もあるようですが、私はそうは思いません。そのようなものは一般家庭の自然な感覚とは異なる特殊なプログラムだからです。家庭には家庭らしいやり方があるので、施設同様のプログラムの導入には慎重になるべきです。

家族とは、成員相互の深い感情的な関わり合いで結ばれた幸福を追求する集団（森岡 1997）であり、そうした濃密なコミュニケーションがベースになる子育てが家庭養育だと考えます。だからこそ、養育者が親となり、各々の子どもに対して日常の自然なコミュニケーションの中で、必要な時に必要なことを教えていけばいいのです。そして、家庭養育の取り組み方は100件あればすべて異なります。多様なスタイルがあり、多様性こそが家庭養育の本質だと捉えることも可能です。たとえ施設のような取り組みができないとしても、家庭では関係性を大切にしながら子どもの安全を守り、成人後も制度に制限されずに実家のように見守り続けることもできるのです。それが里親であり、ファミリーホームなのだといっても言い過ぎではないでしょう。

ファミリーホームを行うための条件とは何だろう

このような家庭養育を担うファミリーホームの養育者には、どのような条件が求められるものなのでしょうか。そこには必要不可欠なMUSTの条件と、MUSTではないが重要な条件があるような気がします。私のように、施設職員を経て身につけている「専門性」はMUSTの条件ではありません。ただ、社会的養護の知識や技術、集団養護の経験がないよりもあったほうがはるかに助かります。ですから、将来ファミリーホームに取り組みたいと思う人は、基礎資格等を取得して施設職員として経験を積むことをお勧めします。

ただ、それよりもはるかに重要なMUSTの条件は、心身ともに健康であり、地域の中で5～6人の子育てを一定期間担う見通しが持てるかどうかという点だと思います。子育ては体力が必要であることはいうまでもありませんが、委託児童が成人するか、それ以外のゴールの見通しを持つことが、ファミリーホームを担ううえで重要になります。単純にはいえませんが、年齢や健康状態と合わせ、複数の要保護児童の子育てを一定期間担うことができる場としての家庭を持って生活を維持することが絶対的な条件だといえるでしょう。

家庭を持つには、結婚してパートナーと一緒に暮らす方法が一般的です。単身型のファミリーホームもありますが、複数の要保護児童の養育はそれほど簡単なものではありません。制度上は認められているとしても、養育者2名以上で養育に当たることを前提として考えた方がいいでしょう。

ですから、家族の中で自分と一緒にファミリーホームに取り組もうという人がいなければファミリーホームを始めることはできません。例えば施設職員が結婚してファミリーホームを始めようとしても、そのパートナーが同意しなければ不可能となります。そう考えるならば、おのずと結婚する相手も限定されることになるわけです。夫婦に限らなくとも親子など2人以上の同居する家族関係の中で養育者を担うことが必要なのです。そうでなければ「家庭養護」の原則が成り立たなくなるからです。

まずその条件を満たしたうえで、養育者同士で十分にコミュニケーションを取り合えること、お互いに助け合い、協力し合えることが重要です。つまり、良好な夫婦等の関係によって家庭生活を維持していけなくてはなりません。必ずしも夫婦円満である必要はないと思いますが、少なくとも養育者間のコミュニケーションが円滑にとれ、その関係が破たんしていないことも重要な条件なのです。

また、養育者以外の同居する家族がいる場合、子どもたちの抱える背景や問題を理解してもらい、ファミリーホーム事業を行うことへの同意を得なくてはなりません。

さらに、同時に5～6名の子どもたちと家庭生活を営む住居の確保も条件の一つです。例えば名古屋市の場合、一定の居住面積と耐震性、防火設備、2か所以上のトイレの設置等が義務付けられています。実際の5～6名の子どもの食事や洗濯などの生活には一定の水準の住宅設備が求められます。事業運営には生活や教育のための運転資金も必要です。このような点から、ある程度の経済力と余裕資金がなくてはファミリーホームを開業できません。さらに余力があれば、生活・設備環境を改善するとか、人を雇うなど養育体制を強化することも可能になります。

このように、ファミリーホームを行うためにはいくつかのMUSTの条件や、それに近い条件があることがわかります。それらは今日の施設職員に求められる専門性よりも、家族の協力や生活力とか経済力という側面が大きいことがわかります。そこに加えて、前述の①～④までの要件に該当すればファミリーホームの養育を担うことが可能です。

自宅の生活の中で泣いたり笑ったりしながら子育てをすることは、施設で職業として養育に携わることとまったく異なります。これは本当にやってみなければわからないことなのですが、喜びと共にその負担感も計り知れません。交代制で距離感を大切にする施設養育と家庭養育は根本的に違うのです。

では、このようなファミリーホームの養育者を育成するにはどうしたらよいのでしょうか。

ファミリーホームの人材確保に向けて

個人的な私見で申し訳ないのですが、ファミリーホームの担い手を養成校で育成することは不可能だと思います。少なくとも、保育士等の養成校と施設が連携しなければ不可能でしょう。それよりも、児童養護施設等において前述の条件を満たせそうな職員をピックアップし、計画的に地域小規模児童養護施設等の経験を積ませて独立を支援する方が現実的です。家庭養育の経験は重要ですが、たとえなくても理解しながら取り組んでいけば補えます。ですから、職員同士の婚活こそが人材確保につながるのかもしれません。

ファミリーホームの人材を確保するうえで最も可能性が高いのは、里親委託とリクルートの拡大策でしょう。その養育には指針以上の基準が存在しているわけではないのですから、施設のような専門的知識や技術、特殊な養育経験が求められるわけではありません。養育里親が増え、委託経験が増えていけばその中から一定数の里親がファミリーホームを始めるはずです。里親委託とリクルートをさらに推進し、子育て支援や児童福祉事業への関心と熱意を持つ人の絶対数が増えなくてはファミリーホームの増加につながらないでしょう。

一方で、現在の制度ではファミリーホームの養育補助者から養育者になる道筋がありません。本来ならば、養育補助の経験を積みながら、ファミリーホーム開業の準備をするのがベストの方法ではないでしょうか。このような道すじの人材養成が可能となる制度の改正が求められます。

また、子育て支援員の社会的養護コースにおいても、講習会修了者に想定されているのは補助者にすぎず、ファミリーホームの担い手を想定した育成システムが欠落しているのです。さらに、事業運営が安定する制度の確立も課題だと感じます。せっかくファミリーホームを始めても、委託児童が少なくて事業運営が立ち行かなくなっては担い手が増えるはずがありません。すでにファミリーホームを担っている者が勧められないような制度のままでは施設職員からの独立も進まないでしょう。このように、ファミリーホームの人材確保には課題が多いといわざるを得ないのが現状です。

■文献

森岡清美・望月嵩（1997）『新しい家族社会学　四訂版』培風館

＊

伊藤龍仁（いとう・たつひと）◉愛知東邦大学教育学部子ども発達学科教授。児童養護施設職員を経て2012年に養育里親登録。2013年4月より名古屋市内でファミリーホーム☆マギカル（代表：伊藤美加）を開設、自宅で5人の委託児童を養育中。

まとめ❶

社会状況の変化に対応した人材対策を

黒田邦夫◉愛恵会乳児院 施設長

はじめに

東京都社会福祉協議会児童部会（以下、児童部会）調査研究部の「平成29年度 各施設の人材確保に関する調査」によれば、

○平成29年4月1日職員採用に関して必要な人材が確保されましたか

児童養護施設　：　された　52％　されない　48％

自立援助ホーム：　された　75％　されない　25％

必要な人材が確保「されない」が約5割、平成28年度が約4割、平成27年度が約3割だったことを考えると、事態は年々悪化しています。対策の一層の強化が必要です。

人材確保のための情報発信

求職者に情報が届かなければ、応募先の検討の対象になりませんから、いかにして情報を届けるかが重要です。「質と量の好循環をめざした福祉人材の確保・育成・定着に関する調査」（東京都社会福祉協議会　平成29年）によれば、求職者の情報収集はホームページがトップです。

○就職先として選ぶ際の情報収集の方法〔初任者職員向け調査〕　複数回答

①法人・事業所のホームページ　40・6％

②家族・知人からの口コミ　25・9％

③ハローワーク　24・8％

④民間求人サイト　22・5％

⑤求人・情報誌　13・4％

若者が求人票を見て最初にやることは、スマートフォンでホームページの検索です。ホームページが出てこなければ「閉鎖的施設だ」、出てきても更新されていなければ「やる気のない施設、つまらない施設だ」となってスルーされます。実習生が、〝ここダメ〟とLINEで流したら、その学校の同期からの応募はなくなります。若者文化への対応が求められています。

学生の応募するための情報収集の第一は、学校の就職センターですから、新卒採用には養成校への情報提供が重要です。他方、社会人の施設についての情報源は、圧倒的にホームページです。

ホームページを整備して、ブログなどで日常の様子を伝える、情報を更新することで、人材

確保のスタートラインに立てることになります。

施設での実習体験

福祉人材の養成校との懇談会で、施設側からの「実習から就職につなげるために、施設にできることを教えてほしい」との質問に次のような回答がありました。

○学生が実習から帰ってきて、〝働きたいという施設〟と〝働きたくないという施設〟は何時も同じ。職員が生き生きと働いているか、モデルとなる職員がいるかなどを、学生は見ている。

○児童施設を希望している学生を、小舎制の施設に見学に連れて行くと、初めは喜んでいるのですが、2～3人でローテーションを組んでいる勤務の話を聞くと元気がなくなり、ほとんどの学生が働くのは無理だとなって、それでも働くというのは1～2人になってしまう。

名刺交換会での個別の話では、「うちの学校は、児童施設を目指している学生を実習に出しているので、未熟ですがぜひ育ててください」という意見もありました。

新任職員に「この施設で働こうと思った、決め手は何か」を聞いてみました。

「職員の雰囲気」と答えた職員は、「児童養護施設の職員は、重苦しい感じかと思っていましたが、面接と見学を通じて職員が明るいと感じました」「職員が明るい、元気なことは、子どもにとってもいい施設だと思った」と言います。

「職員の支え合い」と答えた職員は、「実習した施設は、職員の話し合いができなく連携がとれていない。職員もよく辞めていた」「職員が話し合って支え合っているので、ここで働きたいと思いました」と言います。ボランティアや補助職員としてアルバイトをやって見極めていたようです。

児童部会では「退職率は1割以下にしてください」「実習生の少なくても1割、できれば2割を確保してください」と呼びかけをしています。東京の児童養護施設の実習生の人数は1施設あたり30人前後ですから、退職率を1割以下にして、実習生の1割が応募してくれれば、人材供給はできることになります。

これには、根拠があります。児童部会の調査では、退職率10％以下の施設が6割以上あります。そして「公募しなくても、実習生で良い人材を採用できる」「実習で働きぶりを見ているので、間違いがありません」「実習生、ボランティアが応募してくれるので、採用は順調です」という施設もあります。

図　人材確保･人材育成･定着性の向上の関連

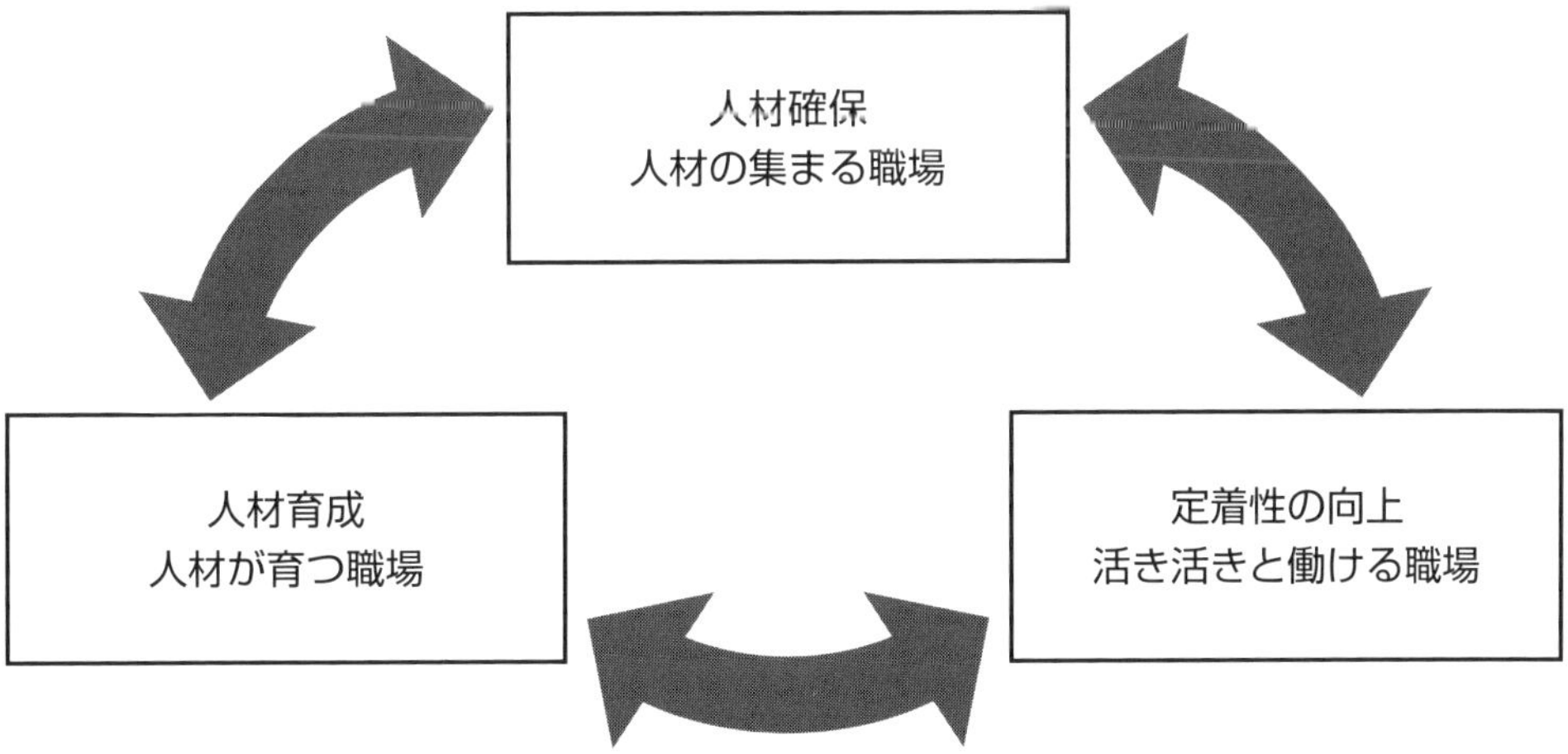

前提は、実習内容が充実していることに加えて、「ここで働きたい」「この先輩と働きたい」「この職場なら成長できる」と実習生にとって魅力ある職場であることです。それには、職場づくり、職員集団づくりが重要になります。このように考えると、人材確保、人材育成、定着性の向上は一体のものといえます。

施設の見学

人材を確保するには、新任職員の就職理由を把握して対応策を考えなければなりません。

○平成29年度　新任職員就職理由アンケート（東社協児童部会）有効回答数：138

①施設見学のときの職員の雰囲気　63
②施設長の人柄　45
③実習体験　44
④施設の環境　40
⑤施設見学や面接時の対応　39

同じ項目での調査になって4年間の傾向を見ると、20項目中上位5項目は割合が増えています。以前より「ホームページなどの情報」が減っているのは、東京の場合、各施設のホームページが充実し、横並びになったからと思われます。

施設見学に関わる項目が1位と5位に入っています。見学会は、見学する方の求める内容でなければなりません。見学会の感想に、そのヒントがあります。

○職員の方々が自分の生活も含めて仕事について語ってくださったことは、就職を考えている学生にとっては、この職業をイメージするときに、とてもよかったと思います。

○ホームの決まりをスタッフだけでなく、子どもたちを含めて考えることや、自立支援計画の作成を子どもたちと行うこと、高校卒業後の進学に必要なお金について細かく子どもとともに考える等、子どもを主体として考えること、子どもの意見を尊重することを大切にしていると強く感じました。また、児童会などの行事があることを初めて知りました。基本的な生活だけでなく、数々の新しいことを体験できる環境があることは子どもにとって、とても良いことだと思います。ステキです！

○「施設」というと、どこかかたく、つめたいイメージを持ってしまうのですが、見学させていただくと、本当の家のような温かさがあり、どの部屋も子どもたちが過ごしやすい工夫や考えがたくさんありました。心理室や多目的室等の子どものケアや子どもと保護者との関わりを援助する部屋の存在や大切さに気付かされました。

○スライドを通じて年間どのような行事があるのか知ることができた。

○働くイメージがなかなかできず労働条件、環境については直接伺う機会も今までなかなかなかったため、今回細かく教えていただき、施設での働き方を具体的にイメージすることができ、とても参考になりました。

新任職員の「仕事が楽しい、面白い」は

新任職員との面接での「仕事が楽しい、面白い」という発言に関連した意見を集めてみました。並べることで気付くことがあります。

①チームに関すること
「この寮で良かった」「話を聞いてくれる、気にかけてくれる、意見を言わせてくれる」「自分の居場所と思える」「先輩が尊敬できる。納得いくアドバイスをもらえる」「先輩が優しくしてくれる。聞けば何でも教えてくれる」「チームを大切にしていく文化」

②働き方に関すること
「やりたいことがやれている」「記録をつけることで、気持ちの整理ができる」「引継ぎがしっかりしている、振り返り、相談がで

きる」「自分たち、皆さんで、作り上げていくのが楽しい」「係、委員会で幅広く学べる」「家事は得意なので楽しい」「研修、会議でいろいろ学べる」

③子どもとの関係に関すること

「子ども一人ひとりに応じてできる」「かわいい。子どもへの苦手意識があったが得意かもと思えるようになった」「高校生、中学生が多い、部活の子が多いので話が楽しい」

並べてみると、若い職員の「仕事が楽しい、面白い」の理由は、子どものことよりも、職員のチームワークや働き方に関する意見が多いことに気が付きます。人材育成には職員集団や職場文化の影響が大きいことを示唆していると考えられます。職員にとっていきいきと働ける場、居心地のいい場は、そこで暮らす子どもにとっていきいきと生活できる場であり居心地のいい場になります。

おわりに

多くの企業が6月から翌年春に卒業予定の学生を対象にした「インターンシップ」の募集・選考をスタートしています。企業は、4年生の採用選考と3年生のインターンシップの募集・選考の二つを同時に行っています。また、インターンシップが広まった結果、3年生の夏のインターンシップから就職活動がスタートするのが一般的になりつつあります。

学生に聞くと、「〝アルバイトは雑用をやらされる〟〝インターンシップの方が仕事をちゃんと教えてもらえる〟というイメージなので、その仕事を経験してみたいならばインターンシップのほうがいい」と考えています。大学3年生の職業体験が就職活動に直結しているとするならば、児童養護施設は実習生の位置づけをそのように変えなければなりません。インターンシップの導入も必要です。

平成29年度の採用状況は空前の売り手市場と言われていた通り、内定した就活生の半数以上が複数内定者でした。当然、内定辞退者も多数いたということになります。そこで、内定者をつなぎ止めるための対策が取られています。研修や社員との懇親会を通してさまざまな不安を解消し、入職の意思を再確認しています。内定者同士の仲間意識を醸成し、辞退者を出さないようにイベントを開く企業もあります。学生は、それに参加することで、職場の雰囲気に触れ入職後のイメージをつかみ、最終的に就職を決める判断材料にしようという構えだと言います。学生・企業双方が、就活の山場が、内定から内定後にシフトしつつあるのかもしれないという見方があります。そうであるならば、内定を出してからの「内定者フォロー」が重要になっているということです。

若者の就職活動・仕事探しは、スマートフォンでの情報収集からです。だからホームページはスマートフォンに対応していなければ、見てもらえる確率が下がります。

保育士・指導員や看護師のように有資格者で転職する方は、仕事探しに人材紹介会社のホームページを活用しますから、紹介会社数社が掲載する求人情報の影響が大きくなっています。年度途中の急な求人などに、紹介会社を利用しようとするとお金がかかりますから、予算を組んでおかなければいざという時には使えません。

さまざまな状況を想定した採用計画を立てておかなければ、実際場面での人材確保を着実に進めることはできません。人材対策は、社会の変化に応じて工夫をして展開していく必要があります。

＊

黒田邦夫（くろだ・くにお）◉愛恵会乳児院施設長。児童養護施設で、27年間、児童指導員として勤務。不適切な養護や運営で混乱した施設、経営問題などにより大量退職が続いていた施設、都立施設から民間委譲され職員が総入れ替えになった施設の3つの児童養護施設の施設長をしてきた。2018年4月から現職。児童虐待防止全国ネットワーク理事。

まとめ❷

社会的養護における職員の確保・育成

藤田哲也◉滋賀文教短期大学講師

はじめに

本特集では、６つのレポートから社会的養護における職員の確保・育成の現状と課題についてみてきた。そこでは、法人・施設の努力や工夫によって、職員の確保・育成について真摯に取り組む姿がみられた。また、養成校との連携や実習生への意識、一緒に働く仲間としての認め合いなど、子どもの成長とともに、職員の成長を見守る職員集団の姿もみられた。

その一方で、法人・施設独自の職員確保・育成では限界があり、施設同士が協働して職員の確保・育成に取り組む具体例もあった。そこで本稿では、６つのレポートを（１）職員確保の課題、（２）職員育成と研修の課題、（３）職員の定着に向けた課題の３つの視点から総括する。

社会的養護における職員の確保・育成

社会的養護で暮らす子どもの多くが虐待を受けており、そこで働く職員に求められる専門性は非常に高いといえる。そのようななか、国は段階的ではあるものの、職員配置基準の改善（２０１５年度より職員配置基準を４対１へ）や、職員の待遇改善（２０１７年度から社会的養護処遇改善加算を実施）に乗り出している。

しかし、職員の確保・育成の問題は改善されているわけではなく、小規模化・地域分散化が進められている今、それへの取り組みは喫緊の課題である。

（1）職員確保の課題

まず、一陽の橋本氏が示していた全国児童養護施設協議会（2015）の「施設における人材確保等に関する調査」を詳細にみると、人材確保にあたり苦労している点として、「募集しても応募が少ない・殆どない」「地域的問題（過疎地域・離島など）や応募時期の問題により希望者が少ない」「ハローワーク、福祉人材センター等への登録しても適した人材が確保できない」など、さまざまな問題を抱えている。

また、退職した職員の勤続年数は5年未満で53・4％となっており、その要因は「他にやりたい仕事がある（20・7％）」「結婚・出産（17・9％）」「人間関係の不満（5・1％）」の順に多い。このように、児童養護施設（以下、施設）では、職員の確保とともに、職員が継続して働くことができない実態がある。そのため、職員確保の課題は、施設やホームの運営だけでなく、子どもの安心・安全な生活の保障に直結すると考えられる。

一方、施設への就職希望者が少ないという実情が見られるなか(1)、とくに学生の関心を高めることが、職員確保に向けて有効な手段といえる。例えば、橋本氏はより良い職員を確保するためには、社会的養護への関心や理解を高めていこうとする取り組みが必要としたうえで、要保護児童対策地域協議会、地域のＮＰＯ団体と協働して市民への啓発活動に取り組んでいる。

そして、施設見学の継続的な受け入れやホームページ等での情報発信など、開かれた施設づくりを実践している。さらに、中部児童養護施設協議会が主催する「こどものしごとフェスティバル」への積極的な参画や、職員が大学等に出向いて特別講義を行うなど、社会的養護の担い手を確保するための具体的な取り組みをしている。

施設職員が大学等で講義を行う点について、筆者は保育士養成課程に在籍する短期大学の学生（1年生57名）を対象に調査を行ったところ、現場の職員が大学の講義で福祉現場の話をすることは、学生の関心を高めるきっかけになることが示されている（藤田 2018）。

一方、子供の家の早川氏は、東京都社会福祉協議会児童部会人材対策委員会の取り組みを紹介している。そこでは、施設同士が協働しながら職員の確保・定着・育成の標準化を図ることや養成校との懇談会、就職説明会などが行われている。このように、法人・施設独自で職員確保に乗り出すだけでなく、都道府県の協議会・部会などにおいて各施設が協働で取り組むなかで、職員確保の問題や課題を浮き彫りにし、社会的養護への理解と関心を高める取り組みをしていく必要がある。

①実習生や保育士養成校との連携

次に実習生や保育士養成校との連携についてみていく。まず、桜学館の池戸氏は、社会的養護の仕事の面白さをいかに伝えるか、その工夫について言及している。これは、施設実習などで学生が施設生活を体験するときに、生活や職員の雰囲気、そして、子どもの様子を直接感じてもらいながら職員確保につなげていくというねらいがある。

この点については、筆者も施設職員として勤務していたときに、施設実習やボランティアで訪れた学生に対して、継続的に声をかけながら職員の確保につなげた経験もある。また、児童福祉施設に就職した新任職員（1年未満：46名）の調査（藤田 2016）からも、働くきっかけとして、「大学での講義、実習や体験を通して」が最も多いことが明らかになっていることから、橋本氏や早川氏も指摘しているように、保育士養成校との連携のあり方が重要といえる。

②ファミリーホームにおける職員の確保

施設とは別の次元で考える必要があるのは、ファミリーホーム（以下、ＦＨ）である。ＦＨは、２００８年の児童福祉法改正で制度化され、現在は里親制度と同様の「家庭養護」に位置づけられている。ＦＨは国が家庭養護を推進していくうえで重要な制度だが、「ビジョン」のなかでは、ＦＨの職員の確保・育成については言及されていない。

そうしたなかで、伊藤氏はＦＨの職員の確保・育成について、ＦＨの担い手を想定した育成システムが整備されていない点を指摘したうえで、施設の職員が地域小規模児童養護施設等の経験をふまえて、法人・施設の支援を得ながらＦＨの養育者として独立することが現実的と述べている。

そこでＦＨの職員の確保について、施設を退職した職員が担い手となる可能性について考えたい。全国児童養護施設協議会（2015）の調査で職員の退職後の状況をみると(2)、福祉分野に再就職している割合は19・2％である。退職理由は様々だが、退職した職員らの情報を共有し、他の施設で働くことができるよう斡旋できれば、施設同士のつながりのなかで職員の確保につなげていくことができる可能性があるといえる。

(2) 職員育成と研修の課題

職員の育成には、職員集団づくりや労働環境の整備に加えて、研修体制の整備が不可欠といえる。例えば、全国乳児福祉協議会（2012, 2016）や全国児童養護施設協議会（2017）は、人材育成のための指針を作成しており、職員の育成・定着に向けた取り組みを体系的に進めている。このなかでは、研修領域を8分野（乳児院は9分野）の専門領域と6階層の育成レベル（入職前職員（Lv.1）から施設長（Lv.6））に分類し、段階的な研修体系を示している。このうち、とくに新任職員の研修については、段階的な学びを習得できるような内容であり、それらをもとに新任職員の成長が認識できるよう丁寧に取り組まれる必要がある。

職員の育成について、きーとす岐阜の加藤氏は、現場経験を積み重ねた先輩職員からの助言と指導を基にしたＯＪＴが職員育成の中心であると指摘しており、池戸氏や橋本氏の施設で取り組まれているチューター（個別育成担当職員）制は、その一端を担っているといえる。

また、二葉乳児院の近藤氏は、新任職員の育成が子どもの育ちを保障することにつながるという視点を大切にし、新任職員の個性やペースを尊重し、否定をせずに見本をみせながら丁寧に取り組むことが育成への近道と述べている。さらに、近藤氏や池戸氏の施設で実践されている振り返り（フィードバック）については、その評価を丁寧に行うなかで、改善に対する具体策を丁寧に提示している。それは、再度振り返りの過程において、職員の性格や傾向を捉えるきっかけにもなっている。

ここでみてきたように、それぞれの施設では、新任職員の育成に力を注いでおり、チューター制の導入やＯＪＴの実施など具体的な取り組みがなされていた。しかし、それに加えて新任職員の育成に携わる中堅職員の育成も意図した取り組みも必要となる。そのためには、組織的で体系的な研修システムが確立されている必要がある。

翻って、職員採用についての工夫が、その後の職員集団づくりに寄与している取り組みもある。職員の採用は、実習やボランティアなどの印象を職員から聞き取ることはあったとしても、一般的に主任や施設長が行うことが多い。そうしたなかで、将来、一緒に働く職員の選考を現場の職員全員で行う一陽の取り組みは、仲間意識の向上とともに、職員の育成や責任感に大きな影響を与えるため、重要な意義があるといえる。

(3) 職員の定着に向けた課題

前項までみてきたように、職員を確保し、その育成について積極的に取り組んだとしても、その職員が安心して働き続けられる環境の整備（リテンション・マネジメント）も必要である（湯川 2017）。

まず、職員が定着するためには、施設運営のなかで理念や方針、養育基準が掲げられているだけでなく、その意図や意味が職員の十分な理解につながっていることが重要である。例えば、近藤氏が指摘するように、今まで大切にしてきた方針や養育基準が変わっていく場合には、そこに至る経緯や状況なども含めて職員に伝えていくことが必要であろう。

また、施設や職員の意思決定の場である会議において、そのプロセスが明示され、職員に浸透している必要もある。この点について桜学館では、職員会議に自由討論の時間を設け、そこで決定した方針が施設運営に反映されていくプロセスを可視化したところ、職員の意欲向上に寄与している。

一方、一陽や子供の家のように、職員が孤立しがちな小規模化した施設において、ホーム（ユニット）の運営（縦軸）に加えて、さまざまな職務や業務を遂行する委員会組織（横軸）がバランスよく機能しており、ホーム（ユニット）を超えた連携を実現している施設もある。

さらに、職員の育成・定着にとって重要なことは「職場環境が健康的に機能する職場風土づくり」である（全国児童養護施設協議会 2017）。

この点について子供の家では、職場の合意形成を軸にしながら、女性が結婚・出産した後も、産休・育休を取得し働き続けられる職場づくりを実践しており、一陽の橋本氏も育休等が活用しやすい風土が醸成されていなければ意味がないと指摘している。

一方、きーとす岐阜では、確保した職員が継続して働き続けられる工夫が法人として確立しているところが特徴的である。なかでも人材紹介支援事業については、自分が働いている法人に誇りを持ち、職場環境をより良いものにしていこうとするモチベーションの向上に寄与していく可能性を示しているといえる。

ここまでみてきたように、職員が働き続けたいと思える要因の一つには、職員自身が目標を持ち、達成するための職場環境が整っているかが重要である。そのような工夫は、前述したきーとす岐阜のほかに、子供の家の職員の強みに着目した目標管理システムや、一陽の自主的・自発的な自己研鑽環境の整備なども、職員の定着を促す具体的な取り組みだといえる。しかし、システムを整備する以前に、意欲の高い職員を施設や法人が支えていこうとする風土が醸成される必要があるといえる。

おわりに

特集の6つのレポートからは、保育士養成校との連携や実習生への意識、職員同士の支え合いとチームワーク、体系的な研修、職員の意欲を向上させるしくみづくりなど、職員の確保・育成・定着に向けた組織的な取り組みがなされていた。

一方、これらの課題を改善していくためには、施設・法人の自助努力だけでは限界がある。そのため、各施設での取り組みに加えて、職員配置基準の拡充や職員の労働条件・労働環境の整備など、制度のさらなる改善が不可欠である。

注

（1）厚生労働省（2015）によると、2014年度末に大学・短期大学の養成校で保育士資格を取得した4万1845人のうち、施設に就職した学生は150人（4・4％）であった。

（2）内訳は、社会福祉分野で再就職（14・1％）、他の児童養護施設へ再就職（3・0％）、他の社会的養護施設等への再就職（2・1％）となっている。

引用文献

厚生労働省（2015）『第3回保育士等確保対策検討会（参考資料）』
全国児童養護施設協議会（2015）『施設における人材確保等に関する調査』
全国児童養護施設協議会（2017）『改訂 児童養護施設の研修体系――人材育成のための指針』
全国乳児福祉協議会（2012）『乳児院の研修体系――人材育成のための指針』
全国乳児福祉協議会（2016）『初任職員にむけた研修小冊子～乳児院の養育を担うスタートをきるために～』
藤田哲也（2016）「児童福祉施設で働く新任職員の仕事に関する実態調査――人材確保と育成に関する一考察」子どもと福祉編集委員会編『子どもと福祉Vol.9』明石書店
藤田哲也（2018）「保育実習Ⅰ（施設実習）の事前指導に関する一考察――外部講師の講義が学生の意識に与える影響とは」『滋賀文教短期大学紀要』第20号
湯川里美（2017）「働き方を考える――多様な人材を活かす職場づくり」『月刊福祉』第100巻6号、全国社会福祉協議会

＊

藤田哲也（ふじた・てつや）◉2000年から2017年まで岐阜県内の児童養護施設で勤務。現在、滋賀文教短期大学講師。

連載　当事者の語り

児童養護施設職員として働くと同時に一市民として地域で暮らしている中で、常々感じていることがあります。それは、多くの方々が社会的養護についてよく分かっていないということです。その地域に施設等がある場合には、興味関心を持っている方もいますが、そうでない場合、漠然としたイメージで想像していることがほとんどです。新しい社会的養育ビジョンが出され、業界関係者の間では大きな話題となっていますが、私の知人・友人の多くは、そのような議論がされていることすら知りません。しかし、それも仕方のないことなのかもしれません。一般的には、施設等を経験したことのある方が、軽々に自分の体験を他人に話すことは少ないはずです。さらに、施設で働く職員も自分の生活はさておき、仕事中心の暮らしというような方もとても多くいます。ただでさえ施設のことを知る機会が少ないうえ、漠然とした差別や偏見もいまだにあるということも否めません。そういう意味でも、この語りは大変意義深いものです。実際に施設生活を経験した方が自分の言葉で語っていることを、多くの方々が読む機会となるからです。

今回の執筆者である山田恵美加さん、藤田明日香さん、そして鍬田春華さんの語りに共通しているのは、施設入所中の信頼できる大人との出会い、そして自身の振り返りを通して、支援者を志すまでの気持ちが丁寧にまとめられていることです。何とかして、三人の方が志しているような素敵な支援者になってほしいと、私も心からエールを送りたいと思います。一方で、語りの中に登場する大人たちも、三人の方とともに喜びや苦労を分かち合ったことで、支援者としてたくさん成長させてもらえたのだと推察します。こういう喜びの連鎖が脈々と受け継がれていくこと、そして、当事者や支援者という垣根を越えて、すべての子どもたちと家族、それを支える人たちの輪が拡がっていくことを願って止みません。

（大森信也＝本誌編集委員）

当事者の語り

与えられる人から与える人へ——自分の道は自分で決める

山田恵美加

施設入所に至るまで

1993年10月30日、私は岐阜市で生まれました。父、母、3つ下の妹、私の4人で生活する時期もありましたが、私が保育園児の頃に両親は離婚し、それからは母、妹、私の3人で生活をしていました。幼い頃から引っ越しや転園を繰り返していたので、この頃の記憶はほとんどありません。この頃のことで記憶に残っているのは、父は母に暴力を振るう怖い人だということです。

私が小学1年生の時、妹とI園に入所することになります。その時は何がなんだか分からなくて、気付いたら施設で生活していたという感覚でした。I園では1年程過ごしました。その後家庭に戻りましたが、母の体調が優れないことが理由で小学3年生の時、再入所することになります。この頃は一時保護所での記憶があります。広い部屋のベッドで妹と2人で寝たり、早い時間にお風呂に入ったり、お風呂上がりの牛乳を飲みながら好きなテレビを見たり…。このお風呂上がりの牛乳が私の記憶に強く残っています。

一時保護所を出た後、O園に入所します。また新しい環境での生活が始まります。もともと私は人見知りをする性格で、口数も少ない子でした。自分ひとりでは行動を起こすことができず、妹の背後に隠れ自分の気持ちは妹に代弁してもらっていました。母の体調が良い時は帰省することもありました。施設には伯母さんが迎えに来てくれ、母がいる家に帰るのです。母と一緒に過ごせることはとても嬉しいことでした。施設に帰らなければならない日が来ると、離れたくない、もっと一緒に居たいと泣いてせがむこともありました。私がどんなことを言ってもその要望は通らず、伯母さんに連れられて施設へ帰ります。また一緒に暮らせる日が来ることを信じて施設で生活していましたが、それも叶わなくなる日が訪れます。

その日は寒い季節でした。帰省することが決まっていた日、伯母さんの迎えを楽しみに待っていました。日は既に沈んでいて、暗くなってからお迎えが来ました。いつもなら伯母さんのお迎えなのですが、その時はおじさんのお迎えで不思議に思っていました。「早く家に帰ってお母さんに会いたい」そんな思いでいっぱいでした。しかし、待っていたのは棺桶の中で眠る母の姿でした。その状況は今でもはっきり覚えています。お経を唱える声が部屋に響いていました。その時私がどんな気持ちでいたのかは覚えていません。その日を境に私は心を閉ざす子になりました。それと同時に、高校卒業まで施設で生活することになりました。

山田恵美加（やまだ・えみか）◉日本福祉大学社会福祉学部卒業。現在、愛知県内の放課後等デイサービスで児童指導員として働いている。いつかは児童養護に関わる仕事がしたい、特に、子どもの自立支援について考えていきたいと思っています。

職員Kさんの存在

母の死の悲しみを抱え、心を閉ざして生活している私に対して、気にかけてくれる職員がいました。担当職員のKさんの存在が私を変え、高校卒業まで見届けてくれました。小学校高学年頃までカウンセリングに通う時期がありました。その帰りにミスタードーナツに寄り、毎回ドーナッツ2個とホットミルクをご馳走してもらったことも懐かしい思い出です。

一番の転機になったのは、植物との出逢いです。小学校5年生の夏休み、課題研究で「一緒に花壇を作ろう」とKさんに誘われました。のこぎりで木材を切り、かなづちで釘を打ち、ペンキで色を塗りました。クワで土を掘り起こし、作ったものを土で固定しました。季節に合わせて草花を植え、施設内の通りを明るく彩りました。私自身、自分がやりたいと思えることができ、達成感で溢れました。「自分がやりたいと思えること」を一緒に見つけてくれたKさんに感謝しています。この経験が農業高校に進学するきっかけにもなりました。

N先生と出逢い自分について考える

農業高校に進学し、部活は演劇部に入部しました。新入生歓迎公演の演劇を見て、私もやってみたいと思ったのがきっかけです。N高校演劇部は全国大会に出場する実績もあり、とても厳しい練習をしている部活動でした。平日の部活は朝の発声練習と放課後の活動があります。朝練の前には、野菜の収穫当番もあります。なので、朝早くから登校し、キュウリやトマトの収穫をしてから朝練へ行きます。放課後の部活も大会が近くに迫っていると夜遅くまで活動します。テスト期間が唯一のお休みでしたが、それ以外は毎日部活で、高校3年間は部活一色でした。

卒業後の進路を決める3年生の時、部活の顧問でもあり担任の先生でもあったN先生の存在が私を後押ししてくれました。意見発表会という農業高校特有の行事の中で、「本当の自分、本当の気持ち」を話す機会がありました。中学生の時からそうでしたが、私は自分が施設で生活しているということを周りのみんなには隠していました。自分のことを話して、周りの子がどう思うのか、何を言われるのかが怖かったからです。そんな私でしたが、N先生からのお願いで自分のことを作文にして発表することになりました。作文を書く時、考える時、N先生と発表の練習をする時、私は泣いていました。自分のことをみんなに話すことはとても嫌でした。とても勇気のいることでした。「笑顔で広がる私の園芸福祉活動」という題名で、最初から最後まで文章ができ上がった時、N先生と何度も作文を読み、読むたびに私は泣いていました。

一番はじめに発表したのは、同じクラスのみんなの前です。5分程の原稿を一生懸命覚えましたが、今まで隠してきたことをクラスのみんなが聞いてどんな反応をするのだろうと、それが心配でした。しかし、私はみんなの前で話しました。それは、自分を変えたかったからです。「がんばれば自分は変われる」そう思ったから、そのことをみんなにも伝えたかったから、私は話しました。話しながら私は泣いていました。聞いてくれたみんなの中にも泣いている子がいました。「がんばれ！」「応援しているよ！」と声をかけられ、話すことを心配していた自分から少し変わりました。

それから意見発表会の本番、校内発表で、全校生徒900人の前で語りました。クラスのみんなも聞いてくれていると思い、夢中になって本当の自分について話していました。区分〈文化・生活〉で最優秀賞をいただき、東海ブロック大会への出場を決めました。この大会の前には演劇の大会もあり、とても忙しいスケジュールでした。しかし、嬉しかったのは、明日が本番という日に作文にも書いた施設職員のKさんに、私の練習を見てもらったことです。今の私がいるのは、Kさんの存在のおかげです。東海ブロック大会では優秀賞で終わってしまい、全国大会に行くことはできませんでした。しかし、作文として自分の気持ちを書きだし、発表できたことはいい経験でした。自分のことを人に話すという経験から、自分の夢についても考えることができ、大学進学を決意することにもつながりました。

Fゼミで自分が進む道を考える

「社会福祉士の資格を取り、児童養護施設の職員になる」という夢を持ちながら、日本福祉大学の社会福祉学部に入学しました。児童福祉をテーマにしているゼミに所属し、自分がやりたいと思っている分野を深めていました。

卒業論文を書く3、4年生では、実際に児童養護施設で働いているF先生のゼミに入りました。卒業論文のテーマを「子どもの自立に向けた支援――アフターケアに必要なもの」に設定し、自分自身の経験も含めながら書きました。この卒業論文を書くことが私の道を変えることになります。大学に進学したのは児童養護施設の職員になるためで、大学卒業後はもちろん施設職員になるつもりでした。

しかし、この卒業論文のテーマが自分自身を見つめ直すきっかけとなります。私は、自分の生い立ちがしっかりと整理できていなかったこともあり、このテーマで卒業論文を書くことがとても辛く、苦しい思いをしていました。そんな状況に置かれていた私に対して、「自分の生い立ちが整理できていないまま施設職員になったら自分自身が辛い思いをするのではないか、卒業後すぐに施設職員になるのは危険じゃないか、論文を書きながら自分の生い立ちを整理しよう」と、F先生が気にしてくれました。

それから少しずつではありましたが、生い立ちの整理を一緒にやってくれました。取り組みとしては、ノートに自分の思いを書くことでした。頭の中で考えていること、自分の心の中に抱えているものを言葉にして表現することが苦手な私でしたが、ノートに文字として表現することは私に合っていました。入所していたO園へ行き、入所することになった理由や現時点で気になっていることも聞いてきました。今まで怖くて聞けなかったことについて、受け入れなければいけないけどそれには時間がかかるだろうと感じる事実も知りました。久しぶりに声を上げて泣きました。その日は身も心も疲れ果てました。しかし、ちゃんと自分のことを知ることができて良かったと思える日でもありました。

放課後等デイサービスで働くこと

大学4年生の2月、卒業後の進路が決まっていなかった私に、O園の職員から放課後等デイサービスの事業所を薦められました。この事業所自体が児童養護施設退所者を受け入れる体制があるということだったので興味が湧きました。実際に事業所を見学し、障害を持っている子どもたちに様々な療育を行っていることを知りました。理事長さんとの面談もあり、ここで働きたいか問われました。卒業後すぐに児童養護施設の職員になるべきなのか、それとも別の職に就くほうがいいのか、この時もとても悩みました。「やるかやらないかを決めるのは自分。最後は自分で決めなさい」。O園の職員にそう言われ、ちょっと道を変えてやってみようかなと思い、働くことを決意しました。

私がこの仕事をするうえで大事にしていることは、子どもたちといろいろな気持ちを共有することです。今までできなかったことができた時は思い切り喜びます。ハイタッチをすることが多いです。学習支援をすることもあるのですが、難しい問題を一緒に考えることもします。体を動かす活動では、自分も子どもと一緒に遊びます。子どもたちの成長が分かると、この仕事をしていてよかったと思えます。また、子どもたち一人ひとりに合った支援計画を立て、実施していくこともあります。そのためには、子どもたちにたくさん関わっていくことが何より大事で、今何ができるのか、伸ばしてあげたいことは何か、何に困っているのか、様々な取り組みの中で探していきます。子どもたちの関わりの中で様子や変化にたくさん気付けるようになりたいです。

今はこの放課後等デイサービスで働いていますが、いつかは児童養護に関わる仕事がしたいと思っています。自分の生い立ちを整理しつつ、いろんな分野を経験した後、それを生かしながら自分にしかできない関わり方で子どもの支援を行っていきたいです。

さいごに

今回このような機会をいただいたことで、自分自身を見つめ直すことができました。きっかけがないと自分について考えることはありません。振り返ることで、自分はたくさんの人に支えられながら生きているのだと改めて実感しました。今まで自分に与えられてきたものを今度は自分から与えられる、そんな存在になれるようにこれからを生きていきたいと思います。

当事者の語り

出会いに恵まれ、感謝し、憧れ、今度は憧れの存在になれるように

藤田明日果

はじめに、このような機会をいただけたこと、とても感謝しております。児童養護施設や里親など、社会的養護を必要とし、家族と離れて暮らさなければならなくなった子どもたちは入所前の生活も入所理由も入所後の生活も、性格も、各々で違い、それぞれの人生があるかと思います。児童養護施設退所後は進学がよい、とか就職がよいとか、支援もまた一人ひとり違うと思います。その一例として、藤田明日果という人間を少しだけ知っていただけたら、と思います。支援者の皆さんにも当事者の皆さんにも、届くことを願っています。長く支離滅裂な文章ですが、どうかお付き合いください。

施設に入所するまでと入所後の生活

私は、1996年3月12日に生まれ、父が日本人、母がフィリピン人のハーフです。記憶はありませんが、小さい頃母は私をフィリピンに連れて帰ったり、家出をするなど繰り返していたそうです。記憶があるのは保育園の年中くらいで、その頃にはもう父母は別居し、私は母と共に暮らしていました。学区の関係もあり小学校入学を機に父母、私、3人で暮らすようになりました。両親は、たびたび喧嘩を繰り返していました。小学校4年の春、包丁が飛ぶ程度の夫婦喧嘩がありました。母は顔に痣を作り、涙を流していました。これをきっかけに、3か月に及ぶ家出をすることになり、後に両親が離婚、母はフィリピンへ帰り、私は児童養護施設へ入所しました。

入所後、母親と離れて暮らすことに寂しさを感じていました。施設の生活に慣れてくると、大好きな絵を書いたり、音楽を聴いたり、マイペースに過ごしていました。学習ボランティアや、転校先での補習を受け、3か月の学習の遅れは取り戻しました。1、2年もすれば幼いながらにも施設で生活していかなければならない事実を受け入れていました。施設生活は順調のように見えますが、気が弱くおとなしいため、年上の子から使いっぱしりにされたり、命令されたり、問題行動（他の子がたばこを吸っているのを見る、施設のルール違反など）によく巻き込まれたりしました。自分の主張ができず我慢することが多く、一定の限界を超えて泣いているところを職員さんや他の子に発見されてやっと話を聞いてもらえることもしばしば。週に一度父のもとへ帰省していましたが、心を閉ざしていたためあまり話はしませんでした。自分の気持ちを言うことはできませんでした。唯一嬉しかったのは毎週レンタルCDを借りれたことでしょうか。気づけば中学3年生、私の児童養護施設では大半の子どもが高校卒業後は就職しているため、私も卒業したらすぐ就職す

藤田明日果（ふじた・あすか）◉1996年3月12日生まれ。小学校4年生から高校卒業まで、約9年間児童養護施設で生活する。施設退所後は、日本福祉大学社会福祉学部社会福祉学科へ進学。現在、児童福祉の現場にて勤務。

るだろうと考え、資格の多くとれる生活情報科に進学しました。資格取得に励みました。

大学進学へのきっかけ、困難

高校1年の秋頃、転機が訪れます。長く私を担当していた施設職員さんが退職され、Aさんに担当が変わりました。また、児童相談所の先生も、B児童福祉司、C児童心理司さんに変わりました。Aさんは、私のことを一生懸命に考えてくれ、また性格が合うのか何でも話せる存在になりました。これまで、児童相談所職員の方は事務的に面会に来ることが多く、5分で面接が終わることもあったり、一回も面会せず担当が変わることもありました。しかし、B児童福祉司、C児童心理司は違い、1か月に1回程度、こちらが何も言わずとも必ず面会に来てくれました。

次第に、Aさん、B児童福祉司、C児童心理司のように、「困っている子どもを熱心に支える仕事に就きたい」と考えるようになりました。施設職員よりも、児童福祉司が自分には合いそうだ、と感じ、調べてみると福祉系大学で社会福祉主事を取得し、公務員試験を受けることが必要だと分かりました。早速、資料を集めたり、試験勉強に励む等行動に移しました。このとき、施設に入所したこと、Aさん、B児童福祉司、C児童心理司に出会えたことに感謝し、目の前が希望に満ち溢れていました。施設に入って良かった、とも思いました。生活情報科で、基礎科目が足りていなかったため、学力試験のないAO入試での合格を目指しました。必要書類の準備や応援メッセージなど、Aさんはずっと応援してくれていました。論作文の添削や、面接練習など、高校の担当教員の熱心な指導があり、日本福祉大学に合格することができました。

大学進学に向けて順調だと思いきや、大きな困難に当たりました。一つ目は、親との考えのすれ違いでした。大学進学を了承していたはずの父が、いざ合格をして大量の資料を見て、「やはり進学をさせたくない。女性が働いてどうする。入学金は払わない」と言い出しました。奨学金の申請は一切しておらず、経済面は父に工面してもらうはずだったため、不安が一気に押し寄せました。何とかAさん、児童相談所職員、施設長に仲介してもらいとりあえず入学金を準備してもらったものの、父は「進学はさせない」の一点張り。私は、父に心を閉ざしたままだったため、絶対に進学したいという自分の気持ちを伝えるので精一杯でした。そこである決断をしました。必ず週1回や長期休暇で行っていた帰省を辞め、児童相談所職員を通して「大学に行かせてくれないのなら縁を切る。子どもの意見を尊重しない人は親じゃない。借金でも何でもして絶対に大学に行く」という旨の手紙を父に渡しました。B児童福祉司は、面会に来れなくても、できる限り私に電話をしてくれました。B児童福祉司、C児童心理司共に父のもとへ足を運んでいたようです。施設長、児童相談所職員、Aさんでの話し合いもありました。1か月程して父は折れ、大学進学を受け入れました。

二つ目の困難は、施設退所後の住居でした。一人暮らしするのか、家庭復帰するのか、年が明けても決まっていませんでした。父から離れて解放されたほうがいい、と一人暮らしに向け準備を進めていきました。一筋縄ではいきませんでしたが、Aさんと何度も話し合い、説得しました。下宿先の見学を父とし、契約をしたその日の夜、父から「契約は断った。一人暮らしはさせない」と電話。体の力が抜けました。涙が溢れました。抵抗する気力もありませんでした。すぐに家庭復帰へ準備を切り替え行動に移しました。しかし、私の部屋はほぼ物置場になっていたため、児童相談所職員と共に自宅の掃除をし、部屋らしさを取り戻しました。

父とうまくやれる自信がない、施設を出ていつでも相談できる職員さん、児童相談所職員と離れることの不安と大学生活への期待を持ち合わせながら、施設退所日を迎えました。施設の職員さんたちは「いつでも顔を見せにおいで」と児童相談所の二人は、「アフターケアを受ける権利があるよ。いつでも相談しにおいで」と声をかけてくれました。激励を受け、Aさんの手紙を持って、私は施設を退所しました。

大学進学（施設退所）後の困難

2時間通学、家事、21時の門限、バイト、父との関係不和…など慣れない生活にはじめはヘトヘトでした。退所して2か月程経ったとき、父との生活に限界を感じ、児童相談所に相談をしました。元担当だったB児童福祉司、C児童心理司がまだ勤務していたため、面接をしてもらいました。溜め込んでいたもの全てを吐き出し、助言をしてもらいました。そこで言われたのは、「言おうか迷ってたんだけど、お父さんは発達障害（自閉症スペクトラム）の疑いがある。進学の時に苦労したのも、いま苦労してるのもそうだと思う。だけど、お父さんを安心させるといいかな。友人や、先生に協力してもらったり、定期的にこうやって相談においで」と。父が発達障害かもしれないという事実にショックを受けましたが、憧れの人物に会い、また児童相談所内を見学させていただいたことで、「大学だけは通いきろう、周りの人も頼ろう、まず支援者になりたい私自身がちゃんと人とつながっていかないと」、とモチベーションが上がりました。

大学生活

このような困難がありつつも、何とか乗り越えることができたのは、サークルやゼミの友人、先輩、後輩、ゼミの先生、施設、目標とする人物など人との出会いやつながりに恵まれ、教育環境があったからだと思います。まず、父とのかかわりは、父が発達障害の疑いがあると分かった後、発達障害に関する本を10冊以上読んだり、関連する講義を受けたり、ゼミ活動で当事者インタビューをしました。こまめにメールする、分かりやすく伝え方を工夫する、家事の分担をはっきりするなどじっくり時間をかけることで、退所したての頃よりはだいぶ生活がしやすくなりました。まだ関わりに難しさを感じることはありますが、少しずつ改善しています。また、好きなことにとことん打ち込むことのできるサークルの存在はとても大きいです。軽音楽サークルに所属し、大好きな音楽とギターに熱中しました。サークルの友人が父に電話をしてくれたことで、外泊に許可が下りるようにもなり、家庭環境にも影響を与えました。好きなことで人間関係が築いていくことに、喜びを感じています。そして、児童福祉に関するゼミに所属し、児童養護施設や地元市役所の子ども課に実習に行ったり、ファミリーホームの子どもたちと交流するなど、興味のある児童福祉分野について深く学ぶことができました。これらの恵まれた環境にある大学生活だけは絶対に手離したくないという思いと、施設と憧れの児童福祉司の存在が私に大きく影響を与え、粘り強さを身に付けさせたのだと思います。

大学の卒業論文では、「児童養護施設退所者が安定層、不安定層に分かれる要因・現状について」をテーマとし、研究しました。児童養護施設を退所した当事者3名にインタビュー調査を実施し、困難事例や乗り越えたことなどを語っていただきました。各々の生い立ちや困難さは違いがありましたが、共通していたのは信頼できる人の存在や居場所があることでした。私自身の過去を振り返ることにもつながり、各々の人生があることを改めて認識し、自己の経験だけを頼らないことの重要性を感じました。

おわりに

父との関係不和、家事や大学生活との両立など困難を抱えても、私がここまでやってこれたのは、多くの人との出会いと助けがあったからです。このように自分自身の生い立ちや困難等について振り返ることにより、より一層今まで支えてくださった方々への感謝の気持ちが強くなりました。一人暮らしを押し通さなかったこと、もっと父に自分の気持ちを言えたら家庭環境は変わっていたのだろうか、とふと思うことはたびたびありますが、児童養護施設に入所して一般家庭では体験できない生活をし、憧れの大人に出会い、大学進学をし、普通の大学生を体験できたことは後悔していません。施設で生活してきたこと、尊敬する支援者に出会えたことを誇りに思っています。私は、公務員福祉職として、当事者から支援者になります。これまで支えてきてくださった方々への感謝を忘れず、これからも沢山の方々とつながり、そしてそのつながりと大学4年間の学びを支援に還元していきたいです。

当事者の語り

私の社会的養護

鍬田春華

はじめに

現在、私は保育所の保育士として就職2年目を迎えました。実際、仕事に就くと学生の頃とは全く異なる場面に右往左往の連続です。しかし、毎日、子どもたちの「先生、おはよう」の明るく元気な声を聞くと「よし、今日も頑張るぞ！」と前向きな気持ちになります。

今回「当事者の語り」を書くこととなりました。卒業間際、ゼミ担当の佐藤先生に「鍬ちゃん（佐藤先生は、私のことを「鍬ちゃん、鍬ちゃん」と呼びます）、少し落ち着いたら、これまでの自分を整理してみたらどうなのかな？」と言われました。私は簡単に「やってみます！」と返答したものの、書き始めると「こんな大変なこと、もう少し冷静に考えればよかった」と佐藤先生に「どうしよう！」と相談したところ「卒業レポートに整理してあるじゃないか、大丈夫大丈夫、書ける書ける！」と後押ししてくれました。

私の人生の大半は社会的養護の生活です。母子生活支援施設、児童養護施設、里親家庭のお世話になりました。家庭事情のため、親元と児童養護施設を行ったり来たり。児童養護施設に戻る際、私は「この先、どうなってしまうんだろう」などと深刻に悩んだ時期もありました。しかし、友達以上家族未満の施設生活の仲間、児童指導員・保育士などの施設職員、児童相談所のケースワーカー、学校の先生、里親夫婦…、たくさんの人に支えられました。親の支援困難な私たちは周囲の支援が必要不可欠です。児童養護施設と里親家庭の〝思い出〟は忘れません。

そんなこんな私自身の経験が同じ児童養護施設などの社会的養護の仲間の参考になれば書くことの意味もあります。また、今日の私の仕事は、児童養護施設の保育士の先生の背中を見て選択したものです。そんな私の半生をエピソードを交え振り返ることとします。

私の家族——母子生活支援施設の生活

社会的養護のお世話になる発端は私の両親にあります。両親は中卒後1年目に同棲、私を妊娠、出産しました。父親は親族に聞くところ「仕事をしても、すぐに辞めて長続きしない。お前のお母さんはミルク代、おむつ代に困っていてね。食べるものもコロッケを分け合って食べていたりしたね」などと言われます。結果、母親は父親と別れることとなり、私は母親に引き取られました。数年後、母親は私の3歳年下の妹と7歳年下の妹の父親と結婚します。

義父は母親の勤めるキャバレーの客。結婚後、母親は仕事を辞め、私たち姉妹の育児に専念しました。義父は実家経営の会社に勤め、私たち姉妹を差別することなく育ててくれました。しかし、経済的に厳しく、夜間、母親は自宅近くのコンビニエンスストアにパートに出ることとなります（子どもながら「お父さんとお母さん、大変鍬田春華（くわた・はるか）◉1996年生まれ。名古屋市出身。母子生活支援施設・児童養護施設・里親の支援を受ける。千葉明徳短期大学保育創造学科卒業後、千葉県内の保育所勤務。

なんだろうなぁ」と感じていました）。

夫婦の昼夜逆転の生活は破綻します。２番目の妹の出産後、義父と母親は離婚、母親と小学校２年生の私と妹たちは母子生活支援施設に入所することとなりました。母子生活支援施設は約２週間程度だったため詳細な記憶はありません。１ＤＫの部屋に寝泊まりし、昼間は登校することなく、施設のホールで本を読んだり、アニメのビデオを視聴したりしました。

鮮明にある記憶は、アニメの「キューティーハニー」を視たこと、お風呂は私たち親子４人の倍以上入れる大浴槽だったこと、母子生活支援施設の生活は入所者の安全のため偽名を名乗ったこと（私たちは全く異なる「黒田」姓を名乗りました）、入所中に施設内のお祭りバザーで黄色の帽子と黄色の服を着た人形を買ったことです。母子生活支援施設の生活は短期間だったため目まぐるしく、退所後、私たち親子はアパート暮らしを始めることになりました。

児童養護施設の生活

新たな生活のスタートです。母親は夜の仕事のため、私たち姉妹は母親と一緒に早目の夕ご飯を食べると、母親は仕事、私たち姉妹は入浴のためアパート近くの伯母夫婦の家に行く、寝る時間は祖母がアパートに泊まりにくる、そんな変則的な毎日を過ごします。小学校の友人の家庭と比べ「私のウチはこんな感じなのかなぁ」と変に納得するところがありました。

小学校４年生のゴールデンウィーク後、突然、伯母に「お母さん、しばらく帰ってこないよ。遠くに出張なんだよ」と言われました。伯母は児童相談所に相談したため、私たち姉妹は児童相談所に一時保護になりました。母親はアパートに戻ることなく、私たち姉妹は児童養護施設に入所することになります。児童養護施設には親に虐待された被虐待の子どもたちが数多く入所しており、夜な夜な同室の仲間と家庭事情などを聞くと驚くことばかりです。

年齢に関係なく児童養護施設の仲間の本音は「皆、お母さんが大好きで、お母さんが迎えに来る日を夢見ています。休日にお母さんと面会や外出したり、家に泊りに行くことを楽しみにしているんだ」ってことを強く感じました。また「面会も外泊も嫌だ。なんで親と会わなきゃならないんだ。家になんか帰りたくない！」などと家族交流を拒む子どもの理由は母親の交際男性（内夫）の存在（あいつがいるから嫌だのような）です。

私の場合、失踪中の母親はすぐに現れたため、比較的早く面会に至りました。しかし、児童養護施設の子どもの〝会いたくても会いたくない、帰りたくても帰れない〟現実は不幸な出来事です。大人の都合のため、学校に登校する、朝昼夜三食のご飯を食べる、兄弟姉妹とテレビを視る、休日は家族一緒に買い物に行く、ごく普通の家庭生活はあきらめなければなりません。

児童養護施設に再入所

児童養護施設の生活は日課どおりの生活です。日課に慣れれば、若干、窮屈なところはあるものの、支障はありません。問題は子ども間の関係です。

児童養護施設は一昔前の形態とは異なり、プライバシー配慮のため、一人部屋、二人部屋などの個室化は当たり前の状況です。しかし、同室の仲間との人間関係は複雑です。被害的なことばかり言ったり、自分中心なことばかり言ったりする仲間と夜間一緒に過ごすことは苦痛です。私自身、施設生活１年目は我慢の毎日を過ごしました。

施設入所数か月後、私の母親はアパートに戻り、私は母親と定期的に面会することとなりました。施設生活の今後を考えると不安なところもあったため、母親の面会は「もうすぐ、家に帰れるんだ！」と期待感が一気に高まりました。そんな中、担当の施設職員に家に帰れなくなったことを聞かされ、私の頭の中は真っ白、涙があふれそうになりました。

涙をこらえる全身硬直状態の私に担当の施設職員は「春華ちゃん、我慢しなくていいんだよ、辛いよね。泣きたい時は泣いていいんだよ」と言ってくれました。

この施設職員の一言に私は本当に救われました。私の緊張はほぐれると同時に、家に帰る選択肢がなくなったため変な期待感はなくなり、私は「この施設で頑張るしかないんだ！」と吹っ切れると自分らしく素直に毎日を送れるようになりました。

しかし、私たち姉妹の生活は落ち着くところはなく、施設生活2年目になる小学校5年生の夏、突然、今度は私と二番目の妹は伯母（母親の一番目の姉）、三番目の妹は異なる伯母（母親の二番目の姉）のところに引き取られることになります。

中卒後の進路

寝耳に水。私たち姉妹は家庭生活に戻りました。社会的養護の子どもたちは大人の事情による大人の都合のため大人に振り回されることが少なくありません。私は「伯母さんのところには行きたいけれども、施設や学校の先生、友達と離れたくない」の複雑な気持ちで一杯です。

突然の出来事は綻《ほころ》びます。家庭生活に戻ったものの、伯母の事情のため1年後には児童養護施設に戻ることとなりました。この頃は「自分は施設で暮らして、施設から就職するんだ！」と家に戻ることはあきらめ、「自分は自分」の気持ちを強く持ちました。

中学校2年生の秋、具体的に中卒後の進路を考える時期になりました。私は、将来、保育所の保育士（私が通っていた保育所の保育士に憧れて自分も大きくなったら子どもの成長を後押しをする仕事に就きたいと思ったため）、またはお笑い芸人（私は人の笑顔が好きなので、人が笑顔になれる仕事に就きたいと思ったため）になることを夢見るところがありました。しかし、現実的にはお笑い芸人は夢の夢です。私の場合、経済的に頼れる親は存在しません。勉強とアルバイトの両立は甘くはなく、進学と就職の二者択一を決断しなければならなくなりました。

私の進路の判断基準には、高卒後の進学と一人住まいの資金を蓄えるため、高校3年間、下校後はアルバイト、施設に戻るのは深夜遅くの時間帯、施設生活の大半はお風呂とベットに横になる、そんな児童養護施設の先輩の存在が大きくあります。先輩は、無事、希望の専門学校に進学したものの、途中、授業とアルバイトの両立が難しくなり、志半ばで中退せざるを得なくなりました。私は保育士になる夢をあきらめ、生活のためには就職第一、就職するためには資格取得は必要不可欠、最終的に工業高校に進学しました。

社会的養護に関する個人的意見

自動車好きの私は、高卒後「自動車整備士として働くんだ！」を目標に頑張りました。

紆余曲折。高校2年生の夏、祖父のところに音信不通の母親と私たち姉妹は同居することとなりました。祖父と母親、私たち姉妹は一緒に過ごしたことはありません。些細なトラブルは日常茶飯事、母親は家出します。母親の家出直後、今度は祖父も家出する事態に発展します。私たち姉妹は行くところもなく、即刻、児童相談所に一時保護、工業高校在籍の私は里親、妹たちは児童養護施設に戻ることになりました。卒業間際の私に里親夫婦は「保育士を目指すんだったら、この家から通っても構わないんだよ」と応援してくれました。素直に嬉しかったです。里親家庭から保育士養成の短期大学に進学、夢は実現しました。今、私の夢はグループホームの職員です。子どもたちに〝心配している人がいるんだよ〟と思われるため修行中です。

最後に、社会的養護に関する個人的意見を書くことにより「当事者の語り」とします。私は里親家庭、児童養護施設にお世話になりました。今、国は里親養育を推し進めます。正直、私は簡単に「子どもは家庭的な雰囲気で養育されることが望ましい」と考えるところ（があれば）には意義ありです。実際、里親養育は里親の覚悟と忍耐なくして成り立ちません。里親には里親のメリット、施設には施設のメリットがあります。たとえば、里親と子どもの関係不調は苦痛の連続です。施設は複数の職員配置のため担当職員と子どもの相性の問題は異なる職員に〝救い〟を求められます。大人も子どもも性格、価値観などは一人ひとり違って当たり前。里親、児童養護施設などの施設の選択は「子どもだったら」の視点に基づく支援が不可欠です。

私は今後も一人ひとりの子どもの意見と適性を重んじる社会的養護を期待します。

［特集］

子ども虐待の在宅支援

紋切り型の役割分担ではない児童相談所、市町村ならではの在宅支援とはどんな事例なのかを考える

■特集　子ども虐待の在宅支援

特集にあたって

本誌編集委員◉佐藤隆司

はじめに——基礎自治体の市町村の役割

平成28年改正児童福祉法は、国・都道府県・市町村の役割と責務を明確化しました。児童福祉法第三条の三には、

第三条の三　市町村（特別区を含む。以下同じ。）は、児童が心身ともに健やかに育成されるよう、基礎的な地方公共団体として、第十条第一項各号に掲げる業務の実施、障害児通所給付費の支給、第二十四条第一項の規定による保育の実施その他この法律に基づく児童の身近な場所における児童の福祉に関する支援に係る業務を適切に行わなければならない。

② 都道府県は、市町村の行うこの法律に基づく児童の福祉に関する業務が適正かつ円滑に行われるよう、市町村に対する必要な助言及び適切な援助を行うとともに、児童が心身ともに健やかに育成されるよう、専門的な知識及び技術並びに各市町村の区域を超えた広域的な対応が必要な業務として、第十一条第一項各号に掲げる業務の実施、小児慢性特定疾病医療費の支給、障害児入所給付費の支給、第二十七条第一項第三号の規定による委託又は入所の措置その他この法律に基づく児童の福祉に関する業務を適切に行わなければならない。

③ 国は、市町村及び都道府県の行うこの法律に基づく児童の福祉に関する業務が適正かつ円滑に行われるよう、児童が適切に養育される体制の確保に関する施策、市町村及び都道府県に対する助言及び情報の提供その他の必要な各般の措置を講じなければならない。

とあるとおり、基礎自治体の市町村は「児童の身近な場所における児童の福祉に係る支援を適切に行わなければならない」としました。

児童相談所と市町村の役割

都道府県と市町村の役割分担は、平成16年改正児童福祉法の際、従前の児童家庭福祉の相談実施体制の枠組みを変えるとともに、市町村の役割を具体化しました。

ご存知のとおり、市町村児童家庭相談窓口と

要保護児童対策地域協議会の設置です。都道府県、要するに、児童相談所の役割は「専門性の高い困難事例への対応・市町村の後方支援に重点化する」、市町村は「虐待を受けた児童など要保護児童に対する支援のネットワークの運営等に関する規定を整備し、虐待の予防や早期発見を促進する」こととしました。

以降、今回の改正に至る間、虐待防止のため児童相談所と市町村児童家庭相談窓口は連携強化を図ることとなります。問題は個別事例の担当・役割分担などは事例の家族の特徴などにより百人百様です。児童相談所は高度な専門性のある相談、児童家庭相談は第一義的に市町村などと大括りのため、現場の児童相談所と市町村の葛藤と混乱は尽きません。

児童相談所は「市町村で受け付けた通告ならば、とりあえず、市町村で一義的に調査して問題のある場合、児童相談所も対応しますよ」などと基本事項を主張します。

市町村児童家庭相談窓口は「市町村は、まだまだ児童家庭相談の分野については素人です。ここは児相さんのほうで、お力添えをお願いします」などと専門性の問題を主張します。

現役の児童相談所、市町村児童家庭相談窓口職員は文字にしにくいところです。しかし、現実的には大なり小なり、類似した事例はある筈です。

本誌第6号と第10号の特集「児童相談所ｖｓ市町村児童家庭相談窓口」は、児童相談所と市町村児童家庭相談窓口の連携のポイントを探るため現場の創意工夫などを紹介しました。

市町村の在宅支援強化

児童相談所職員と市町村児童家庭相談窓口職員の役割分担のための連携上のポイントは、人と人の理解「顔の見える距離」の重要性を指摘しました。

今回の改正児童福祉法に至る前段の社会保障審議会児童部会『新たな子ども家庭福祉のあり方に関する専門委員会　報告（提言）』（平成28年3月10日）の冒頭「2．基本的な考え方　（4）基礎自治体（市区町村）の基盤強化と地域における支援機能の拡大）」には、

子どもと家族の生活は地域を基盤に営まれる。したがって、子ども家庭福祉は地域社会の中で展開される必要があり、地域において社会資源と支援拠点が十分に整備され、市区町村が子ども家庭支援と機関連携の要として十分に機能することが不可欠である。このことは平成16年における児童福祉法等の改正の基本的な方向であったものの、未だ十分達成されておらず、かつ、自治体間格差も依然として小さくない。そこで、この方向を強化するために、社会資源と地域子ども家庭支援拠点の整備、それを通じた在宅での支援の強化、これらを可能にする財政的支援等の基盤整備、専門職の配置等の制度改革が不可欠である。

市町村の機能充実のため基盤整備と制度改革は不可欠としたものの、役割は「市区町村が子ども家庭支援と機関連携の要として十分に機能すること」と同時に「社会資源と地域子ども家庭支援拠点の整備、それを通じた在宅での支援の強化」と支援機能の拡大を提言しました。

このため在宅支援の比重は、市町村に大きく傾くこととなります。市町村の在宅支援強化は児童相談所と市町村（支援拠点）の連携にどんな影響をもたらしたのでしょうか。

虐待対応のための在宅支援

市町村（支援拠点）の在宅支援強化の背景には児童相談所の俗に「見守り」事例の再発防止などのため、市町村は在宅支援（指導）強化を図ることとなります。前述の提言「7．新たな子ども家庭福祉体制の整備　（3）通所・在宅

支援の積極的実施」には、

全国児童相談所の虐待相談対応件数の9割以上の子どもは、在宅支援となっている。その中には、いわゆる「見守り」という形で有効な支援がほとんどなされない事例もあり、こうした子どもは、再び通告の対象になる、あるいは、そのまま虐待的環境の中で成長し、その養育不全体験を次世代に連鎖するという悪循環に至る危険も大きい。

この現状を児童虐待防止の重要課題として新たな社会的養育システムの中に位置付け、虐待通告された子どものうち、在宅に戻された子ども等の支援のために通所・在宅支援を積極的に行う必要がある。

先に示した市区町村が設置する「地域子ども家庭支援拠点」がこれを中心となって担い、必要に応じて児童相談所と共同し、通所・在宅支援（養育支援、家事支援等）を行うものとする。通所・在宅支援について、国は自治体とともに財政的支援を行うものとし、これにより、支援を行う民間団体などが増加し、それに伴って新たな支援の方法が開発、提案されることも期待できる。

市町村（支援拠点）は「虐待通告された子どものうち、在宅に戻された子ども等の支援のため」「必要に応じて児童相談所と共同し、通所・在宅支援（養育支援、家事支援等）を行うものとする」と通所・在宅支援の背景と積極的実施の必要性などを示しました。

児童相談所と市町村の在宅支援

今回の改正児童福祉法施行後、児童相談所と市町村（支援拠点）の連携・役割分担は新たな局面を迎えました。単純に「児童相談所は法的権限を有するケース、法的権限を使わない在宅ケースは市町村」と振り分けたり、臨機応変な担当者変更は難しくなり、毎度、要保護児童対策地域協議会の調整・検討を要するなどと煩雑な状況が見え隠れします。

児童相談所と市町村の役割は、基本的に児童相談所は「専門的な知識及び技術を要する事例など」（高度な専門的対応、立入調査・一時保護・施設入所・里親委託などの行政権限を要する事例など）、市町村は「虐待発生防止のため児童の身近な場所における児童の福祉に関する支援を要する事例など」（専門的な知識及び技術を必要とする事例は児童相談所の技術的援助及び助言を求める）に振り分けられることとなりました。

ある市町村（支援拠点）職員は「児童相談所で終結したケースを『在宅に戻ったから見守りをお願いします』って言われても、当事者に問題意識がないので、市としてもやりようがなくて困っています」などと負担感を、また、ある児童相談所職員は「市からバトンタッチされたケースを一時保護して家庭に戻そうとしたら『一度、児相さんが受理したんですから引き続きお願いしますよ』と断られたりします」などと困り感を訴えます。

市町村児童家庭相談窓口は機能強化のため市町村（支援拠点）に変わりました。市町村（支援拠点）は要支援児童、特定妊婦、要保護児童などの「要支援児童等」の在宅支援を担わなければなりません。児童相談所の虐待相談・通告受付件数は留まるところはなく、市町村（支援拠点）に引き継ぐモニタリングなどの在宅支援は必然的に増え続けます。

家族不在の在宅支援は禁物

もちろん、在宅支援の役割分担は慎重に行わなければなりません。ある市町村児童家庭相談窓口職員は「一時保護は児童相談所が担当するのは当然のことですけど、在宅に戻れば市町村に渡すと言っても当該家族によってケースバイケースだと思うんですよ。コロコロ担当者が変わることは家族にとっても負担です」などと家族不在の議論を問題視します。

家族不在の役割分担は禁物です。相談援助は主訴と家族の特徴などを見極め、問題解決に必要な機関が決められるべきものです。特に児童家庭相談の場合、人と人とのエモーショナルな問題もあります。紋切り的な役割分担による弊害は計り知れません。家族は盥《たらい》回し晒されたり、複数の異なる機関の異なるメッセージに惑わされることになります。

円滑な役割分担は、基本的枠組に捉われることなく「人と人、機関と機関、機能と機能」の相互理解にあります。在宅支援然り、児童相談所の、市町村の得意分野はあるはずです。不備なところは相互にバックアップする。要するに「お互いさま」「持ちず持たれず」の関係です。

一昔前の児童相談所と市町村の関係は、経験値の異なるところを補完するため、経験ある児童相談所職員は新任の市町村職員に、経験ある市町村職員は新任の児童相談所職員に支援方法などを伝授したりしました。紋切り型の役割分担は分業、分業は分断に陥ることとなります。

本誌第11号の特集は「子ども虐待の在宅支援」を取り上げることとしました。実情とともに「児童相談所、市町村ならではの在宅支援とはどんな事例なのか」を考えます。

実際の現場に携わる経験ある児童相談所職員と市町村児童家庭相談窓口職員、スクールソーシャルワーカーなどの皆さんの貴重な意見に期待大です。

*

佐藤隆司（さとう・たかし）◉千葉明徳短期大学保育創造学科教授。前職は神奈川県の福祉職として児童相談所、児童養護施設、児童自立支援施設などに34年間勤務する。また、全国児童相談研究会（児相研）事務局長。全国の新任児童福祉司の研修会「児童福祉司研修ワークショップ」を企画運営する。

□事例❶

法改正と在宅ケースへの支援

青森県八戸児童相談所次長◉小寺順司

はじめに

青森県は人口約１８２万人、児童人口は推計で約18万人の本州最北端の県です。三方を海に囲まれていて半島部が多いため、家庭訪問を行う際には移動が長時間となりがちです。

そのような地域で、県内各圏域に1か所ずつ、計6か所の児童相談所が設置され、業務にあたっています。

県内の児童虐待相談処理件数は、平成28年度が９４９件、平成29年度はそれを上回る件数が見込まれており、平成10年度以降増加の一途をたどっています。

青森県の取り組み

平成17年4月の法改正を大きな契機に、市町村が児童家庭相談の第一義的な窓口となり、児童虐待の未然防止・早期発見を中心に積極的な取り組みを進めること、都道府県（児童相談所）は専門的な知識及び技術を必要とするケースへの対応や市町村の後方支援に重点化することとなりました。

しかし、その歩みは非常にゆっくりで、組織体制や人口規模、産業構造、地域特性等が異なる市町村が児童虐待問題に対する取り組みが一様でないことは、やむを得ないとも感じながら、市町村と連絡を取り合い情報収集や協力依頼、技術的助言を行っていました。

その過程で機関連携にあたり、「どういった場合に、どのように役割分担するのか」をわかりやすくするべく、青森県では平成23年に「市町村と児童相談所の機関連携対応方針」が作成されました。作成後は「対応方針の○頁を参照してください」というようなやり取りが可能になり、役割分担を進めやすくなったような気がします。

支援にあたっての困難さ

市町村が在宅支援ケースを担当する場合に直面すると思われるのが、現場でのリスク判断の難しさだと思います。

マニュアルどおりにはいかないのが児童相談対応です。一歩判断を誤れば子どもの生命身体に危険が及びかねないことも想定される現場では、柔軟な対応が不可欠であって、その際には全体の仕組みを熟知したうえでの判断が求められます。

チェックリストなどを活用して判断しますが、そもそも具体的にどのような場合にＹｅｓとチェックすべきか否かの判断基準が分からないという声を、よく聞きます。

また「児相も初めから専門的な知識や経験があった訳ではない。さまざまな機会を捉えて知識や技術の修得を図ってきた結果が現在だ。だから、市町村も知識やノウハウの少なさを理由にしないで、これを機会に修得に努力すべき」という意見も聞きます。

児童相談所で仕事をしていて、「小魚がかかったと思って竿を上げたら、鮫やクジラだった」というような類の経験は児童相談所職員なら一度や二度ならずともあるでしょう。そういった経験を経て、市町村も感覚的にリアルな判断が身についてゆくのだろうと思います。

法改正されましたが、子どもの安全安心を確保するという目的を達成するためにはもう少し幅の広い「のりしろ」型で支援に関わっていくことが必要だと思います。

市町村中心に支援してほしいケース

「機関連携対応方針」に基づいて市町村に対応を依頼したケースについて、処理方法や結果に違和感を覚えることがときどきあります。

例えば泣き声通告を市町村に対応依頼した際に、市町村では調査の結果、助言指導で終結可と判断されたようなケースです。

児童相談所では「母だけでなく父にも直接来庁を求めて指導すべき」「この部分をもう少し踏み込んで調査してほしかった」「終結にあたって、○○という事柄を明確に指導してほしかった」と感じ、その一方で実際に担当した市町村では「必要ない」と判断されるような食い違いです。

前述のように児童虐待の現場は、臨機応変に判断せざるをえない状況であることが多いため、市町村からすれば一つ一つ児童相談所に確認を取って進めることはできないでしょう。したがってかなりの部分で、現場の判断に依らざるをえません。

お互いの特性を理解して、100%の一致を目指さない、ある程度のところで折り合いをつけることも必要だと思います。

子どもや家庭をめぐる状況が複雑多様化する中では、各機関が並列して隙間を埋めて行くような施策が必要なのは当然で、「身近な窓口が、きめ細かく対応」という流れは必然的なものだと思います。

グレーゾーンのケース（例えば泣き声通告）で、子どもが幼い、障害がある、子どもが大声をあげるなどの養育困難がある、保護者が転入してきたばかりで頼る人がないといったケースや、保護者の精神疾患等で継続した支援や見守りが必要なケース等は、児童福祉も障害福祉も生活保護も、保育も母子保健や精神保健も、さらには住宅サービス等の身近な行政サービスの情報提供もできる市町村のほうが、効率的に動くことができることは多いのではないかと思います。

強い権限で介入するだけでなく、困難を抱える家族に寄り添って丁寧に需要を把握することについては、市町村の方が長けているのではないでしょうか。

さいごに

在宅支援は市町村、一時保護は児童相談所という画一的な切り分けでは相談の継続性や家族との関係性を適切に確保することは非常にむずかしくなるだろうと思います。

在宅とそれ以外という区分ではなく、問題の重篤さに応じて「のりしろ」のように重なり合いながら家族に関わってゆくことが必要だろうと思います。

家族の形は多様で、そこで生じる子どもの問題も多様です。その多様さに対応するべく幾度も法改正がなされているのだろうと思います。日頃から現場で感じるのは、重要なのは「柔軟な制度の運用」だということです。

法律や制度はできあがった瞬間から現実とは距離が離れていきます。なぜなら現実は動いているからです。求められているのは「制度」と「現実」の間を埋める、支援機関側の柔軟な運用です。

そのためには法改正を契機に一気に移行というのではなく、「のりしろ型」で丁寧につないでいくことが必要だと思います。

＊

小寺順司（こでら・じゅんじ）◉青森県八戸児童相談所次長（児童福祉司、ＳＶ、障害相談グループリーダー）。

□事例❷

法改正に翻弄されて

群馬県中央児童相談所児童福祉司◉矢島一美

市町村の頑張り

2017度4月、7年間も勤務した児童相談所支所から、今の児童相談所本所に異動となりました。今回は、小規模市町村の多い支所での経験を中心に記してみたいと思います。

2017度の当初から、児童福祉法改正部分が何かと強調されることが続いていました。市町村職員を対象にした説明会もあり、市町村職員もさぞ何度も聞かされ、「耳にたこ」状態だったと思います。また、虐待相談に関しては、市町村と児童相談所の役割分担を明確にするためすべての市町村と1年をかけて申し合わせを作成しました。

では現状の在宅支援体制はどうなのでしょうか。ここ何年かでもその変化ははっきりしており、私が以前に児童相談所にいた約10年前の状況と比べれば格段の変化が生じています。今や児童相談所の虐待相談件数は減ることはないわけですから、市町村の要保護児童対策地域協議会実務者会議で扱われる要保護児童名簿や要支援児童名簿のケース数も右肩あがりです。実務者会議においては、各ケースの経過確認には長時間を要します。市町村窓口で相談を受け、そのまま市町村がメイン担当機関として扱うケースも確実に増えています。つまり、軽微なケースについては確実に市町村が在宅支援に乗り出しているということになります。

それに加え、児童相談所の在宅支援係属終結後に市町村にその後の見守りをお願いするケースも増えています。それは少なからず児童福祉法の改正、市町村との申し合わせがそれを後押ししているのでしょう。

ある程度は覚悟していましたが、やはり違和感も感じます。私が長く仕事をしていた支所は、管内市町村規模が小さいですから、市町村とは比較的にボーダーレスに仕事をしてきました。今はもっと明確にメイン担当機関が変更になることを意識し、それを相談者に対しても伝える作業をしなければなりません。慎重に引き継ぎをする時間が十分に確保できればいいけれども、そんな時間も人も今の児童相談所にはないのが現実です。ケースを渡される市町村も、多くの職員が相談業務以外の事務仕事を兼任しており、相談業務専任の職員がいる市町村は管内においてもごくまれです。それでも「うちの町の子ですから」と市町村職員が、来所相談や自宅訪問に出向いてくださいます。当時から、もしかすると小規模市町村ほど直接支援ができていた気がします。

ケースの押し付け合いにならないために

当所で長く関わっているケースについて、少し紹介してみます。

精神疾患を患っている母とその子という世帯で

すが、母の健康状態に波があるため、それを把握して養育困難となった際にいかに速やかに子を預かれるかというところが、児童相談所側の役割でした。この母に〝寄り添うこと〟が大変難しく、母とのやりとりそのものが若干の話術と根気が必要になります。時間帯を選ばない母からの連絡だったり、すぐに一時保護の判断を要することもあって、やはりこのケースは児童相談所のケースであろうと認識しています。母と当所との関係も、良好な時期ばかりではなく、関係が悪化したこともありました。そんな時、地元の保健センターが母子の把握をしてくださることとなりました。児童相談所は逆に保健センターへの助言等、フォローに回る形を取りました。ただ、もちろんケースそのもののメイン担当が変更されたわけではなかったし、保健センターも同様の思いだったと思います。

今は、幸いにして要保護児童対策地域協議会にてそのつど安全確認されているので、以前のような「児相さんが訪問すると思っていた」「○○市が確認すると思っていた」などという支援の谷間は少なくなったと思いますが、この母子ケースも、〝児童相談所のケース〟というはっきりした位置づけがあったので、「心配なことがあれば、児相さんに聞く」という安心感があったのではないでしょうか。

地域特性を強みに変えて

このように、在宅支援について原則としては市町村が行うこととされたとしても、市町村担当課の体制も様々であり、市町村担当者の顔が浮かび、児童相談所としても「どうしたものか」と躊躇してしまいます。ふと、十数年前に行われた高齢者福祉、（当時の）障害者福祉等の業務権限委譲を思い起こしました。今回の線引きは〝専門的な知識及び技術が必要な業務〟〝市町村を超えた広域的な対応が必要な業務〟であり、何をもって専門的とし、どこで線引きをするのか、ああ、また市町村担当者の困っている顔が浮かびます。

十数年前の高齢者福祉等の業務委譲の際にも、「（失礼な言い方になるが）市町村に対応できるだろうか」と心配の声が上がったことも事実でした。しかし実際のところ、業務が動き出してしまえば市町村規模にかかわらず、対応していただいている現実もあります。よって、市町村の制度・サービス等の利用で支援可能なケースについては、児童のモニタリングとともに定期的な訪問等を市町村にお願いできるとありがたいところです。

これまで勤務していた支所が、管内に多くの市町村を抱えていたこともあり、市町村との在宅支援の役割分担も、「大変になったら児童相談所に連絡ください」と後方に児童相談所が存在していることを直接言葉で伝えないと、市町村も安心してケースを受けにくかったようです。今までだって、市町村の方はよくやってくれていました。夜中に訪問したら地元の民生委員とその事務局（市町村職員）が先に来ていたこともありました。祝日なのに家出先に市町村保健師とともに児童を迎えにいったこともありました。母子の受け入れ先が決まるまで何時間も、市町村職員が調整していたこともありました。地元だからこその寄り添い方には、頭が下がります。法改正に翻弄されない在宅支援のあり方が、ちょっと田舎な支所管内にあると今も思っています。

＊

矢島一美（やじま・かずみ）●群馬県中央児童相談所児童福祉司。福祉事務所にて生活保護ケースワーカー等を数年担当した後、平成11年度に初めて児童相談所一時保護所に勤務。翌年度に児童福祉司デビュー。児童福祉司歴13年。

□事例❸

虐待対応における橋渡しとしての在宅支援

東京都スクールカウンセラー◉坂口晴実

はじめに

今回、2014年5月から勤務した足立区子ども支援センターげんきでの要保護児童専門相談員の経験を書かせていただきたいと思います。勤務地の特徴としては、移民の方や一時滞在をしている諸外国籍の方も多く、活気がありました。住宅街は静かな所が多く、町の中心の喧騒な雰囲気とは違った趣もありました。昭和時代からと思われる自営業的な製造業等の工場が集まっている場所や国が建てた巨大な団地が建ち並んでいる地区もあります。虐待対応のメンバー構成は、区の職員や児童福祉司、保育士、発達心理士、臨床心理士、ケースワーカー、再任用の警察官等のメンバーで構成され車で訪問していました。

虐待への取り組み

虐待通告件数は非常に多く、半期を4月から9月までとすると、あっという間に数百件に上りました。その背景には区民の意識が高まったこともあります。対応の年齢では、乳幼児から小学生が多く、中学生等通告件数が増えていきます。児童相談所との連携では、重たいと判断されたケースについては児童相談所との連携を念頭に対応していました。

通告があった時から、決められた時間内に対応するというルール（24時間ルール）もあり、緊急性があるケースが多く、通告があるとすぐさま検討会議が行われ、各担当が決まりました。身体的虐待やネグレクト等が中心でした（当時増加傾向にあったものは、現在深刻な心理的虐待でした）。会議では担当を決める際に、臨床心理士等や発達心理士におけるアセスメントを始めとして、児童相談所との連携を考えながら進めました。児童相談所と連携するケースは、身体的虐待にかかわるものが多く、深刻なケースの場合、保護することを前提に対応訪問するので、あらかじめ市区町村の各専門機関と連携をとり、小学校や家庭を訪問しました。

こころをつなぐ在宅支援

例えば、既に一時保護された経験を持ち、新たに痣や衣服の汚れ、心理的不安による、学校内での行動化等が発覚した時点で、通告があった場合等はほとんどのケースで児童相談所や保健センターとの連携が行われました。子ども自身、2回目の保護所に入ることについて納得するまでには、長い時間がかかりました。その場合、心理的クッションとして、子どもの気持ちに寄り添う形で、在宅支援（ショートステイ）を利用してみることもありました。また、ショートステイを頻繁に活

郵便はがき

料金受取人払郵便

神田局
承認

8080

差出有効期間
2020年1月
31日まで

切手を貼らずに
お出し下さい。

101-8796

537

【受　取　人】

東京都千代田区外神田6-9-5

株式会社 **明石書店** 読者通信係 行

お買い上げ、ありがとうございました。
今後の出版物の参考といたしたく、ご記入、ご投函いただければ幸いに存じます。

ふりがな お名前	年齢	性別
ご住所　〒　　　-		
TEL　（　　　）　　FAX　（　　　）		

メールアドレス	ご職業（または学校名）

*図書目録のご希望	*ジャンル別などのご案内（不定期）のご希望
□ある □ない	□ある：ジャンル（　　　　） □ない

『子どもと福祉』購読者アンケート

お買い上げの号数

vol.

◆本書を何でお知りになりましたか？

□新聞・雑誌の広告…掲載紙誌名［　］

□書評・紹介記事……掲載紙誌名［　］

□店頭で　□知人のすすめ　□弊社からの案内　□弊社ホームページ

□ネット書店［　］　□その他［　］

◆本書についてのご意見・ご感想

■定　価　□安い（満足）　□ほどほど　□高い（不満）

■カバーデザイン　□良い　□ふつう　□悪い・ふさわしくない

■内　容　□良い　□ふつう　□期待はずれ

◆今号で興味を持った記事は何ですか？

◆いま関心を持っているテーマ、その他、質問や感想等ご自由にお書き下さい

◆本書をお買い上げの書店

［　市・区・町・村　書店　店］

◆ご購読紙　(1)朝日　(2)読売　(3)毎日　(4)日経　(5)その他［　新聞］

◆定期ご購読の雑誌［　］

ご協力ありがとうございました。
ご意見などを弊社ホームページなどでご紹介させていただくことがあります。　□諾　□否

● 定期購読申込書 ●

◆**このハガキで『子どもと福祉』の定期購読を申し込むことができます。**刊行次第、お手元へお届けします（代金引換郵便にて。その際、送料＋手数料として300円が加算されます）。

第□号より□部 申し込みます。

年　月　日　ご署名

用する家庭は、シングル家庭が多く、特に母子家庭と同時に生活保護を受けていました。母親が子どもとの物理的心理的距離をとり、少しの間でもリフレッシュして今後の子育てを応援していこうという思いがありました。あるいは、一度虐待通告を受けた家庭には担当が付き、2、3か月から半年1年と継続訪問をします。その際、両親や母親等から、「最近叩くことが多くなった」や「辛い」等の悩みを聴き、必要と考えられる場合はショートステイを利用するよう伝え、子どもからもSOSが出されてくると数日間の利用を勧めました。ショートステイで2、3日離れることによって、気持ちが楽になり、子どもへの愛情を少しずつ育てていくには、母親への援助が不可欠でした。母親も子どもを育てたいけど、言うことを聞かない、子育てがわからないというところから子どもを虐待して、自分はダメだということで自己を責めてしまうという悪循環をストップさせるためにも、ショートステイという在宅支援は、有効と考え利用をお勧めしていました。

ところが、中にはショートステイまで支援が進まないこともありました。母親以外には乳幼児の世話をする家族もなく、叩いたりかわいがったりすることで自己を保っている等複雑な背景もあり、子どもと離れられず、ショートステイを拒否することも起きてきました。ショートステイを予約していよいよ明日という前日に、母親が突然キャンセルすることもありました。母子分離できないため、そのままショートステイを利用しなかった母親もいました。母親の子どもへの養護が難しいことは支援者から見ると歴然ですが、母親としては、精いっぱい抵抗して、我が子を自分の元に置いておきたいと考えていました。その際ショートステイでの泊数を3泊から1泊にして、その後相談員が訪問するという約束をして、ショートステイを利用してもらいました。ショートステイを必死の思いで手配しても、不信感から支援を拒否されると、さすがに窓口の職員ともども疲弊していくような部分もありました。どうしても必要と判断した場合、児童相談所の再訪問と保護を示唆すると、長く子どもと離れることになるので、素直にショートステイを利用するという現実もありました。これらのことから在宅支援は、母の休養と同時に、心理的クッションの作用や子どもの居場所としての機能もありました。

さいごに

現在思うことは、精神疾患を患っている両親の対応では、特に医療機関との連携をしつつ在宅支援へ向けての援助が重要ではないかと考えます。母親が重篤な精神疾患を患っている場合、母親自身の治療を目的とした、比較的長めのショートステイや、自殺未遂等を防ぐための予防医学的支援が必要ではないかと考えます。また、子どもの養育環境を整えるための、保護的環境の視点や里親などのコーディネイトも必要と考えます。後者については、児童福祉司をはじめとする様々な専門職や今後期待されている公認心理士等が担うことは、できないでしょうか。

最後に保健センターと連携して、乳幼児健診未受診の子どもに対して訪問する際は、捜索も兼ねていました。警察を経験した職員の採用でネグレクトや身体的虐待が早期に発見されました。出入国管理局との連携も経て、多くの行方不明児が健診へとつながり虐待予防の一環としてのメリットも大きかったと考えます。今後は実際に医師や保健師が必要な乳幼児の在宅訪問するなど在宅支援を虐待予防の観点から考えることは、できないでしょうか。

＊

坂口晴実（さかぐら・はるみ）◉足立区子ども支援センターげんき、メンタル協議会自殺相談ダイヤル勤務を経て、現在は、精神科クリニック、東京都スクールカウンセラー、東京家政大学障害児通所施設わかくさ、福音ルーテル教会付属大岡山幼稚園スクールカウンセラーとして活動。興味があるテーマは、対象関係論、マインドフルネス。

□事例❹

子どもや家庭が孤立しないように
――子どもに合わせた仕組みづくりを

町田市教育委員会スクールソーシャルワーカー◉細田和恵

スクールソーシャルワーカーについて

はじめに、私がどのような立場で在宅支援をしているかということで、スクールソーシャルワーカー（以下、ＳＳＷ）について少しお伝えします。ＳＳＷは２００８年に文部科学省のＳＳＷ活用事業により導入され、２０１５年度には１３９９人のＳＳＷが学校や教育委員会に配置されました。また「学校をプラットフォームとした児童虐待への対応」（文科省）には、２０１９年度までに全中学校区（１万人）配置の目標が示されています。ＳＳＷは自治体によって異なる形態で活動をしていますが、私は市の教育委員会に所属し、市内小中学校長からの依頼で児童・生徒とその家庭へ直接の対応をしています。主な役割は子どもの人格を尊重し、その子の利益を最優先に考え、また子どもが抱えている困難な状況を改善するためにとりまく環境を調整していくことです。そのために学校や家庭との調整や仲介、さらに地域や関係機関との連携を図ります。

子ども虐待と学校現場

学校は基本的には学齢期に達したすべての子どもたちが集い、教育や学びの場であると同時に重要な福祉機能をもつ場です。子どもの虐待を身近に把握し、救える重要な窓口・担い手でもあり、学校と地域と児童相談所（以下、児相）の連携により家庭内の子どもの虐待が表面化し早期対応をすること、または未然防止につながることが望まれます。そのような関係性のなかで、ＳＳＷがうまく機能していければと思っています。

実際の在宅支援と児相との連携

学校現場に入るきっかけは、概ね子どもの「不登校」が要因ですが、目に見えているのは不登校でもその背景には貧困や家庭環境問題が大きくあります。虐待が明らかな時は、学校が市の子ども家庭支援センター（以下、支援センター）または児相へ相談や通告をします。ＳＳＷへの依頼は、そのどちらへ相談しても動いてもらえない（または学校が通告を躊躇する）場合や、児相や支援センターの対応が終結したものがあります。

連携がうまくいったと思われるのは、母親が不登校で暴力的な子どもに対応できず、子どもと児相の関係がうまくとれなかった中にＳＳＷも入り連携し、医療機関を経て児童養護施設入所へつなげた例です。情報共有の際は連絡を密にし（児相職員にとってはしつこい感じだったかも）、細かい母親とのやり取りも聞いてもらいました。主治医からは母親の虐待と告げられていたので、指導的立場の嫌な役目を児相にお願いし、教育相談員やSSWは母親をフォローしました（支援センターは「不登校はSSW」ということで早い段階で終結）。

次に中学生女子で実父からの性被害の訴えを児相へ通告したものの学校が本人の話を聞いた時点で母にその状況を確かめ、当然母は否定し、児相が介入した時には前へ進めなくなった例。学校は子どもを一時保護してもらえずに不満が残り、SSWもその調整がうまくできませんでした。学校と児相間で虐待と思われる事象が起きた時の対応のしかたが共有できていなかったために、在宅で児相が継続指導することになりましたが、子どもの登校が全くなくなり親との関係も不調になり児相の介入のみで終わったので、もう一歩踏み込んだ支援ができなかったかと後悔が残ります。

市町村機関や児相とSSWの関係

学校中心の虐待対応について早期発見・通告・情報提供がうまく機能するためには、日頃からの親しい関係づくり、温度差のない危機感やリスクの共有、役割の押し付け合いをせずに目的をもって連携することが大事です。学校から依頼を受けたSSWの在宅での支援は指導的なものではなく、そうならないようにも気をつけています。そして支援だけでは子どもの最善の利益にはつながらない場合、児相の指導的な介入を期待します。

児相と市町村の役割分担がより明確になり、市町村は増加する虐待関連の対応に手いっぱいの様子で、継続的支援は難しいようにみえます。SSWは市町村機関と共に対応することが多く、どちらも調整や仲介機能をもち役割分担が明確にならない場合もありますが、SSWは対象が限られているので、丁寧な家族対応と継続支援が可能です。

在宅支援と未然防止のための連携

SSWの役割のひとつに、子どもを支え続ける仕組みや地域資源の創出と連携があります。学校現場だけで支えきれない実情の中で、民間やNPO団体との連携も不可欠です。家庭と切り離さずに、また切れずにいる子どもたちに居場所を提供している団体の活動（例えば、NPO法人こどもの里（大阪市）、NPO法人ゆめ・まち・ねっと（富士市）、NPO法人フリースペースたまりば（川崎市）等）は、子どもの地域のセーフティネットの役割をもつ在宅支援です。このような場は児相と連携しているケースもありますが、踏みとどまっている例も少なくはないです。貧困問題やネグレクトを感じる状況が身近に存在し、虐待が表面化してからの連携だけではなく未然防止を意識したネグレクト家庭への支援や、境界線にいる子どもを支えている団体等とのさらなる連携と行政による支援のしくみの検討は課題だと思います。

子どもの虐待対応は必須で、学校や家庭からこぼれる子どもを支え、家庭が孤立しないように、取り残さない社会をつくっていくことがひいては虐待を軽減することにつながることになります。子ども福祉の視点で、終わりの見えない在宅支援を高度な専門性や地域を超えた対応で、支援する側を支援する機関として児相が機能していけるようになればよいと思います。近年、児相＝虐待のイメージが強く、行政の力や他者の手を借りたいと思っても児相が遠い存在になっていて「児相に相談したら、将来この子にとって不利になるのでは」などと言われたのは残念です。子どもの命を第一に、人権を保障し、その子らしさを大切に日々を送れるように、子どもに合った在宅支援やネットワークの充実を図れたらと思います。

＊

細田和恵（ほそだ・かずえ）◉スクールソーシャルワーカー（東京都町田市教育委員会）。社会福祉士・精神保健福祉士。NPO法人フリースペースたまりば、横浜市北部児童相談所、川崎市こども家庭センターなどを経験して、現職。今年4月から、週1日フリースペースへ復帰。多様な価値観と柔軟さを大事に、心の声を聴くようにしたい。

□事例❺

市区町村が在宅支援を担うということ――区役所の現場から

横浜市泉区こども家庭支援課ソーシャルワーカー◉花坂佳代子

私は横浜市の社会福祉職で、児童虐待防止法改正の翌年から15年ほど児童相談所に勤め、3年前からは市町村の立場で子育て支援担当のワーカーをしています。今回のお話をいただいて、改めて本市のこれまでの経緯を辿り直し、現在、私個人の思うところを書いてみます。

本市の児童相談所と区の役割分担の変遷

2004年の児福法改正当時、市町村機能にあたる区役所では、福祉事務所と保健所が「区福祉保健センター」として統合・整備されたばかりで、通告受理を含む児童虐待対応もここに位置づけられました。ただ具体的な業務は示されず、実質上、児童相談所（以下、児相）が子ども家庭相談を担う従前の態勢は継続しました。同じ自治体内に児相も持つ政令市独特の混沌かもしれません。

それでも当時、児相側にいた私は、施設退所児の保育園入所調整を依頼する程度だった区とのやりとりが、児相に入ったケースについて、区に情報照会したり、乳幼児健診や保育園を通じた見守りや育児指導等を依頼できるようになる等、徐々に厚みのあるものへ変わっていくのは実感していました。そこからさらに進み、区が虐待通告を直接受理して初期調査も行う〝二層体制〟が根付いてきたのは、全区に「虐待対応チーム」が配置されたここ数年のことと思います。

ただ、言うまでもなく、虐待の通告受理や初期調査は、児相が担ってきた「あらゆる子ども家庭相談」のごく一部にすぎません。「在宅支援は児相から市町村へ」との字義通り、区が在宅支援を一義的に担うなら、その他の養護、非行、障害、性格行動等の相談すべてに対応することになります。本市の場合、今回の法改正より少し前に、児相内で主に重心等障害児を担当していた係を解体しました。これにより、障害児については、養育者不存在や虐待等で長期入所等の措置や介入を要するものは児相、それ以外の在宅支援はサービス決定や手当給付事務等と合わせすべて区、との業務分担が成立しています。これが、今後の「あらゆる子ども家庭相談」の、児相と区の役割分担の雛型になるのかと思いますが、現在、私に見える限りでは、まだ区が児の在宅支援一切を担うには至っていません。

区で行っている在宅支援の一例

区の立場で在宅養育を支援する例として、現在、私が担当しているケースをご紹介します。

母子手帳交付時に把握したある妊婦は、精神症状が強く、パートナーとの関係も不安定で、助産師と一緒に支援に入りました。若い頃から出産を重ね、父親の違う児が複数いること、思春期を迎えたその児たちを持てあまし、我が子への素朴な愛情はあっても実態はネグレクトであること、背景には妊婦自身の被虐待歴やＤＶ被害等も見えてきました。上の子どもたちは、引きこもったり非行に傾斜したりしていますが、それも、ネグレクトも、どれも介入対象ほどではない。結局、この超低空飛行の在宅生活が墜落しないように、助産・保育園等の諸制度や諸手当の手続きを一緒にしたり、母子双方の話を聞くこと等で相談関係を紡ぎ、区役所内のあらゆる職種や地域の機関等と連絡を取り合いながら、母子双方を励まし見守っています。児相には、いざ墜落した際には児の保護に動いていただけるよう、事例をお伝えできていることも心強いです。

他には、障害児のケースで、自発的な訴えは全くない保護者でしたが、手当や療育手帳更新等の手続きの折りに漏れ聞く愚痴から、実は児の衝動性・粗暴さが家庭内で増悪して家族が受傷するに至っていると把握できた事例もありました。大きな事件・事故に至る前で良かったと思いつつ、児相や療育機関、学校、事業者とともに、支援の糸口を探り始めています。

児相と区が在宅支援の役割分担をするうえで

子ども家庭支援相談の支援目的は、家庭で愛されて育つという児童の当然の権利を守ることです。実務は、児の安全を守るための危機介入から在宅養育の破綻回避を目指すサービス投入、養育の質の向上まで幅広いですが、支援は同じ専門性のもと一貫して行われる一つのものです。一つのものですから、双六のように行きつ戻りつもします。それを児相と区で分担してやりなさいというのが、一連の法改正の方針なのでしょう。

先ほどのケースはどちらも、サービス決定や諸制度利用支援、母子保健指導、生活保護等、区の他のファクターも活用して関わり、在宅養育を下支えしていることが共通します。区には各部署を合わせれば多くの入り口と情報量があり、それらを活用することによって、児相より一歩手前で、より自然にケースに出会え、関われる機会が多くあります。これは、分担の利点の一つでしょう。一方でそれは、区が圧倒的な事務を抱えているということでもあります。これは児相経験も踏まえた私の主観ですが、区はじっくり在宅支援に取り組むにはあまりにも雑多で繁忙です。

また、本来一つの支援を分担して担うには、その双方が同じ専門性と力量を持つべきですし、一つの双六を行きつ戻りつするケースの動きにスムーズに対応できることも必須です。でも実際には、区にはまだ、組織としての支援の蓄積・経験値が圧倒的に不足しています。そもそも責任職を含め福祉職がマイノリティーである区役所の中で、明確なサービス決定や許認可等の事務を伴わない在宅支援という仕事についてどう理解を得ていくのかも、非常に難しいと感じます。それはそのまま、体制や人材育成、物的環境等の充実度に関わります。現状では、児相と同等にケースを理解し、行きつ戻りつする支援を共有して同等に立ち回ることは、努力はしていますが体制上も力量上も難しいと感じます。

だからこそ、こうした点でまだ大きなアドバンテージを持つ児相には、組織としての経験に裏打ちされた力量を持って支援の全体のロードマップを描き、様々に不十分なまま在宅支援を割り振られた区をバックアップしていただきたいと思います。児相が持つのは職権保護や措置権だけではないし、それだけを担う機関でもないはずだと頼りにしています。

＊

花坂佳代子（はなさか・かよこ）◉横浜市泉区こども家庭支援課ソーシャルワーカー。家族問題を扱う民間の相談機関や精神科クリニックで相談業務に従事した後、横浜市に入職。福祉事務所、児童相談所を経て２０１６年４月より現職。社会福祉士。多くの大先輩方とケースに育てて頂き今の自分があります。次の世代に対人援助職の魅力と醍醐味をお伝えしたいと願いつつ、日々に追われています。

□事例❻

在宅支援における児童相談所と市町村の「よい協働関係」とは

京都府健康福祉部家庭支援課副主査（心理判定員）◉衣川修平

京都府は、政令指定都市である京都市を除くと人口約112万人を擁しており、管内には3所1支所の児童相談所（以下、児相）が14市10町1村を概ね4分割する形で所在しています。

私は入庁後6年間府内児相にて地域担当及び虐待初期対応チームとして児童福祉司業務を行った後、2017年度から本庁にて虐待対策の施策や予算の運営等に携わっています。今回は、児童福祉司としての経験と、府内の状況を俯瞰的に見た立場から、あくまで一個人の意見として考察したいと思います。

法改正後の変化や課題

児童福祉法の改正により、児相は介入に特化し、在宅支援は市町村が中心になって行うという方向性のもと、本府においても、互いの連携の流れや役割分担について「子ども虐待対応マニュアル」や本府独自のアセスメントツールを作成し、運用を開始しています。これまで職員の経験や感覚に頼るところが少なくなかったのが、ケースのアセスメントやリスク要因の分析等において一定の基準が整理され、互いの共通言語として活用できることには一定の意義があると思われます。ただ、あくまでツールであり手段ですので、それをもとに児相と市町村が互いの考えを突き合わせ、認識にずれがあるようなら話し合いながらそこを埋めていくという作業が最も大切との本質は変わらないと思われます。

新設された市町村への事案送致や指導委託についても試行的に始められていますが、まだまだ実際の動きについては手探りなところがあり、市町村からすると「どのくらいの負担が増えるのか」「重いケースを押し付けられるのではないか」といった不安もあるでしょうから、事前の説明や引き継ぎ後の協議、保護者や子どもへの顔つなぎ等を丁寧に行っていくことで実績を積み上げていくより他はないと思います。特に、地域でのモニターを中心に行うケースの送致の場合は、「何をどのように見守ればよいのかを教えてほしい」、協働し対応するようなケースについては「児相でどのような関わりを行っているのかもっとフィードバックしてほしい」といった声が聞かれますから、ツールや仕組みに頼りすぎて手落ちが生じないよう留意が必要です。

在宅支援における連携のあり方

重いケースほど、関係機関の足並みを揃えることが難しい感じがしますので、よい連携ができたという実感は必ずしも揉めないケースではなく、「それは違うんじゃないか」「私はこう思う！」と率直に意見をぶつけあいながら進めたケースという印象です。特に、一時保護を繰り返すが施設入所に至るには決め手に欠けるケース、保護者や子どもが周囲を巻き込むようなケースでは、どうしても関係機関の間で意見が一方的で極端な方向に流れがちです。児相は何をやっているのだろう、と思われることもあったかもしれませんが、互いの動きが逐一見えにくい分、ある程度それは仕方ないと思います。皆さんも同じかと思いますが、市町村の疑問にできるだけ耳を傾け、児相の対応方針やその根拠、今後の見通しをきちんと言葉で伝えるということを意識していたかと思います(実際にどの程度できていたのかは分かりませんが…)。そのやりとりを何度も繰り返していくことで、「協働して進めていきたい」という児相の姿勢が多少なりとも伝わるのではないかと思いますし、意見がぶつかったとしてもそれによって物別れになるということはなかった気がします。また、市町村に児相の考えを分かってもらっていると、関係機関に対しても通訳のような形で橋渡しをしてもらえ、地域とのハレーションを起こりにくくしてもらえていたのではないかと思います。

また、協働して動くケースについては、単に主担当副担当を決めるだけではなく、役割に応じて意識的に動き方を変えることにしていました。主担当の場合は積極的にイニシアチブをとり方向性や作戦をあれこれと提示しながらケース全体を「引っ張っていくこと」、副担当の場合は、市町村の対応に委ねながらもケースの動きには関心を示し、「次に同じようなことが起こったら一時保護も考えないといけませんね」と、いざというときに後ろに控えているという構えを持つことが望ましいと思います。要は、「市町村に任せきりにはしていませんよ」というメッセージを見えやすい形で伝えることが、地域の温度感を見失わず、安心感を持ってもらえることにつながるのではないかと思っています。

互いの強みを生かした支援

市町村が主体となり得るケースとしては、あらゆる地域資源を活用しながら身近な存在としての支援が可能なケースというのが基本形でしょうか。ただ、例えばケースの状況からみて今後養護相談につながりそうなので一般相談の切り口であらかじめ児相とつながっておく、児相の指導の枠組みでは本当の困り感を話しにくそうなので一時保護退所前から市町村に寄り添ってもらいながら保護者の本音を聞き取っていただく、といったように、その後の展開を見越して柔軟に分担ができるとよいと思います。

さらに、役割分担を効果的に行うためには、心理士によるカウンセリング、CSPの手法を用いてのトレーニングが可能等、専門性を生かした支援の受け皿を持っていただくのは大きいですが、それだけではなく、各部署とのスピーディな情報共有、母子保健との連携体制がしっかりしている等、「こういったケースなら得意」といった市町村としての独自の「強み」を一つでも多く持っていただけると心強い限りです。

おわりに

役割分担が明確にされたとはいえ、市町村の体制や地域性は様々ですから、一律に切り分けて「そちらの役割なのだから」と対応を求めてもうまくいかないことがでてくると思われます。互いの守備範囲や限界を確認しながらも、その中でも何ができるかを考え実行しようという姿勢を示しながら、とにかく同じ方向を目指して一緒に動いているという感覚を共有できることが何より重要だと思っています。「誰がやるか」を決めることも大事ですが、それぞれの機関が現状よりも一歩踏み込んで対応することにより、支援の輪が重なり合い、結果としてモレのないきめ細やかな対応につながっていく、といったイメージが理想的かと思います。

＊

衣川修平(きぬがわ・しゅうへい)◉京都府健康福祉部家庭支援課副主査(心理判定員)。臨床心理士、精神保健福祉士。総合病院小児科や精神科、教育センター等にて心理職として経験の後に入庁。

□事例7

児童福祉法改正後における市町村子ども相談現場の実態と課題

京都府教育委員会スクールソーシャルワーカー◉仙田富久

本稿をまとめる立場

本稿の執筆依頼をいただいた時点では、現職のほかに、市町村の非常勤職員として、主に要保護児童対策地域協議会（以下「要対協」）管理ケースの進行管理と、担当係長や保健師に対する支援方法並びに関係機関との連携のコンサルテーションを中心に週一回の勤務をしていました。

実際、児童相談所（以下「児相」）と市町村と学校の三者の思いが、いずれも痛いほどわかるポジションなので、視点はあくまで「子どもの権利は生かされているか？」（児童福祉法（以下「法」）第1条）に置きながら話を進めたいと思います。

市町村相談現場の変化、学校側の要請

平成28年度の法改正以前から、市町村子ども家庭福祉現場の業務内容は著しく変貌しました。

平成16年の法改正で子ども相談の新たな窓口として位置づけられ、その後、要対協の義務設置と役割が強化され、ケースの進行管理や個別ケース会議の開催そして関係機関との連絡調整など、飛躍的にその業務量が増加してきました。

最初は、児相との取次所のような役割で、一時保護など児相の権限行使を必要とするものに限らず少し困難なケースだと、初期調査から家庭訪問等のケース対応は、児相が担当するべきだとの思いもありました。

しかし、約10年の業務経験の中で、市町村側もケース対応の経験に学び、一定の力量をつけてきているのは事実で、人事異動で新たに担当することとなった児童福祉司が十分な専門的知識と技術を備えていなかったりすると、逆に市町村側から「こんな危険性が危惧される」「児相としてこんな動きをすべきではないか」などの注文をつける機会も多くなってきました。

今次改正後、市町村の業務範囲はさらに飛躍的に広がったといえます。

関係機関とその職員には、「要支援児童等と思われる者を把握したときは、当該者の情報を市町村に提供するよう努めなければならない」（法第21条の15）と規定されたことにより、要保護児童の何倍もの通告（情報提供）を受理しなければなりません。児童とその家族に対する支援は、従来から市町村が一定の役割を担ってきました。そして、28年度改正で市町村は、「基礎的な地方公共団体として、身近な場所における児童の福祉に関する支援等に係る業務を適切に行う」ことと規定され「第一義的役割」が明示されました。

一方、私の現在の主なフィールドである学校現場では、子どもの貧困をはじめ、児童虐待、いじめ、不登校、授業不適合などの「問題行動等」が増加し、学校の中だけ、従来の教育手法だけでは

解決できない事例が増加し、中には、要対協などを通じての関係機関との協働抜きに解決できないケースも少なくありません。

それだけに、市町村や児相に対する迅速、的確な対応への期待や要請も強いものがあります。

これらによって、市町村の責務は、従前に比べて飛躍的に重くなり、法改正で打ち出された「支援を行うための拠点の整備」ほか、体制の整備と質、量ともの充実は焦眉の課題になっています。

具体的な実例から

不規則、長時間の労働を余儀なくされているひとり親家庭の子どもたちへのネグレクト、配偶者やパートナーからのＤＶ（ドメスティック・バイオレンス）の風土、保護者に精神疾患や特徴的な発達障がいが見られる家庭でのマルトリートメントなど、ただちには子どもの保護に至らないケース、保護者に寄り添い、日常的に丁寧な支援をこそ必要とするケースの対応は、まさにこれからの市町村の専門分野といえます。

ここでは、一例だけ、住居を失った特定妊婦で切迫早産の危機への対応経験を記します。

特定妊婦への的確な支援対応は、出産直後からのリスク対策を講じ、事前に児童虐待を防止するうえで極めて重要です。要対協で早い時期に受理し、児童福祉部門と母子保健部門がしっかり連携を取りながら迅速な対応をとることが求められます。

本ケースでは、市町村を中心に、児相、婦人相談所、妊婦が転出希望している市町村、複数の産科医療機関、生活保護担当の福祉事務所の連携が構築され、死産の危機を乗り越えての出産、NICUの利用と母の一時保護、生活保護の開始による住所設定、そして新住所での母子保健サービスへのアクセスが実現しました。

しかし、特定妊婦の判定基準が未整備な中、ともすれば臆病なほど多くのケースを計上しているのではないかと思うこともあります。

子を産み、子育てをしていくことに不安を抱く親の多い厳しい社会情勢。彼、彼女らが経済的にも安定し、心安らかに子を産み、育てられる社会にしていくことが根本的な解決の道でしょう。

児童相談所と市町村の関係

法改正により、市町村には、従前からの児相への「送致」や「援助依頼」に加えて、児相からの「指導委託」や「送致」などの新たな仕組みが持ち込まれました。

この部分でも、これまで以上の専門性の確保と体制の充実が求められます。

しかし、多くの市町村では、厚労省が求めている「市区町村子ども家庭総合支援拠点」の設置どころか、増大する事務量に体制が追いつかず、現場担当者は悲鳴を上げている状態です。そのことは、福祉事務所・家庭児童相談室を持たない規模の小さな町村部でとりわけ顕著です。

今後とも、市町村支援の機能を持つ児相と市町村が、ケース担当の切り分けではなく、個別ケース会議を中心に、お互いがのりしろを重ね合って支援を行う協働のあり方を探求していくことが必要と感じます。

まとめに代えて

私の市町村の現場勤務は、年齢要件もあって残念ながら2018年度末をもって幕を引くことになりました。こんな時期に、常勤の専門職増員配置どころか後任補充もされないという人事は、現場の仲間たちにとってはどれほどか口惜しいことでしょう。

とはいえ、子どもたちの笑顔のために歯を食いしばって頑張るしかありません。私も、これまでの仕事と市町村の現場で学んだ教訓をも大切にしながら、児童虐待と子どもの貧困をなくす課題をライフワークとして、働き続けたいと思います。

＊

仙田富久（せんだ・とみひさ）◉1950年京都市生まれ。京都府教育委員会スクールソーシャルワーカー。社会福祉士。

□事例❽

児童福祉司という仕事

愛媛県福祉総合支援センター児童福祉司◉岡本髙志

最近の法改正

平成28年の児童福祉法（以下「法」）の改正で、「児童の保護者は、児童を心身ともに健やかに育成することについて第一義的責任を負う」（法2条2項）、「国及び地方公共団体は、児童が家庭において心身ともに健やかに養育されるよう、児童の保護者を支援しなければならない」（法3条の2）の条文が追加されました。

また、同文ただし書きでは、児童の処遇は、①家庭（実親や親族）⇒②家庭における養育環境と同様の養育環境（養親、里親やファミリーホーム）⇒③良好な家庭的環境（施設の小規模グループケアやグループホーム）の順に対応すべきと記されました。

家庭での養育に何らかの問題が生じれば、まず、当事者（家族や親族）が自らできる努力を重ね、それでも、児童の安全・安心が確保できない状況であれば、公的機関が家庭の事情を考慮して、当事者の意向にも配慮しつつ、児童の最善の利益のために、より家庭に近い処遇の実施に向けて支援するものだと私は捉えています。

いろんな家族

家族の形態や文化は千差万別で、本来、各家族が有する力でそれなりに問題解決ができうることもあります。第三者から見たら不安と思われる場合であっても、児童が大きな問題なく生活できていれば、やはり家庭が一番ということなのでしょう。

リスクアセスメントをしっかりしたうえで、家族の力を信じられる余地があるならば、今は、それを信じたい気持ちもあります。また、入所措置は、原則、親権者等の意に反しては行えず（法27条4項）、かつ、親権者等が同意しても、児童本人に意識付けがないと、特に高年齢児の場合は施設不適応で退所となる場合もあります。

家族の強み

入所措置を判断する前に、在宅継続の可能性に向けて、家族の強みを見つけてそれを伸ばしていくこと、家族の弱みを見定めそれを補っていくこと、その体制づくりについては、各関係機関（社会資源）ができることを出し合って相互に連携していくこと、この作業が大事です。

在宅支援を判断した場合、児童相談所においては児童相談所の法的権限（一時保護、措置、家事審判請求等）の行使も十分に検討したうえで、なぜ〝在宅〟なのか説明する責任はあるでしょう。

在宅支援の場合、基礎自治体が行う住民サービスの役割は大きいと感じます。乳幼児等に対する母子保健サービスのほか、保育所等の通園施設等によるモニタリングは支援上有益であり、母に寄り添った支援を基礎自治体が担いながら、児の安全が損なわれる緊急場面では、児童相談所が強い手段を採ってでも安全確保を図るといった方法も考えられます。

インテーク時

新規案件受理後、親族資源や社会資源の確認は重要です。当事者や関係機関から聞き取った内容のほか、戸籍等調査も行います。ジェノグラムやエコマップは支援を行う際の羅針盤であり、これらを見ながら、この家族にはどういった支援が適合するだろうか試行錯誤しています。児童福祉司の担当ケース数は減少することなく、内容も複雑なケースも多いです。あまたあるケースに適時適切に組織として判断していくには、多面的な情報収集とそれを一目で分かりやすく表示したジェノグラム等の資料作成は有益だと感じます。

印象に残った事例

事例1

SBS（乳児ゆさぶり症候群）疑い。父に特性あり。父子関係調整で入所措置。児の病状が悪化し、施設から退所要請が出たことで家庭復帰へ。障害児相談支援事業者と連携し、障害福祉サービスを活用。支援機関が連携して見守り支援。

事例2

母の彼氏からの学童女児への家庭内性暴力。母は事実を知りながら児を引き合わせていた。一時保護中に親権停止を請求し、承認審判を得た。母は養子縁組に同意せず。児童相談所は県外の母方親族と面談を重ね、後見人の選任を親族に委ねて、本児を母方親族に引き渡した。

事例3

母の彼氏からの家庭内性暴力。一時保護を経て施設入所措置。その後、母の親権停止及び後見人選任を請求し承認を得たが、児が施設不適応となり無断外出で親権停止中の母宅に帰宅。児は説得に応じず、措置解除。母は家裁に親権停止取消を請求。母子面接継続中。

事例4

母子家庭。母からの暴言暴力。幼児期からの継続的な虐待。児が「家に帰りたくない」と訴え、一時保護。28条審判を請求。児は施設適応していたが、母から病状悪化を知らせる手紙を受けて、審判前に帰宅を切望。入所承認の審判を得たが、児は帰宅を切望し続ける。現在、家庭復帰に向けた母子調整による養育環境の改善に向けて支援中。

ケースの個別事情を踏まえると、在宅ケースは基礎自治体、施設ケースは児童相談所と単純に区分するよりも、それぞれが持てる力を出し合う方がいい場合もあります。在宅と施設の間で、支援機関が相互に有機的に関わる場合もあるでしょう。

児童福祉司という仕事

一時保護は、原則2か月以内、職権で親子分離が可能です（平成30年4月2日以降、親権者等の意に反した2か月超えの一時保護は、原則、家裁の審査が必要）。

緊急時は、まず、一時保護で児童の安全を確保し、社会診断、行動診断、心理診断等により総合的に処遇を決めていきます。行政処分なので、親権者は不服申立できますが、審査期間中に一時保護が解除された場合、訴えの利益がないとして却下される場合があります。

親権者等の意に反した入所措置に至るまでには、関係機関等が連携し、できることを出し合って重層的な家庭支援に取り組む必要もあります。

児童福祉司は、関係法令の内容を熟知し、ケースの実情を冷静に分析し、どの手段を採れば効果的に支援ができるのか、与えられた法的権限を使いこなす知識や技量が必要だと思います。

＊

岡本髙志（おかもと・たかし）◉愛媛県福祉総合支援センター（中央児童相談所）児童福祉司。

□事例❾

「役割分担」は子どもと家族のためにある

大分県中津児童相談所児童福祉司◉本田しのぶ

児童相談所と市町村の役割分担

大分県には中央（14市町村管轄）と中津（4市管轄）の2つの児童相談所（以下、児相）があります。

平成29年度の「児相からの市町村送致」の制度化を受けて、大分県では『児童虐待対応における市町村と児相の役割分担に係る「虐待重症度判断基準表」』を作成し運用しています。別途、取り扱いを定めたものも合わせ、市町村と児相の役割分担を次のように整理し申し合わせています。

①警察からのＤＶ目撃通告（児童通告・情報提供）は、児相が受理し「ＤＶ目撃通告の確認チェック票」で調査を行い、受理会議で児相が「虐待重症度判断基準表」を基に「市町村への送致」「児相対応分」に振り分け

②「泣き声通告」「怒鳴り声通告」は受理した都度、市町村と児相で協議

③①②以外は、これまでどおり市町村要保護対策協議会の実務者会議の位置づけとなる定期連絡会（月1回）（以下「定期連絡会」と言う）や個別ケース会議等で協議

いずれにしても、事前協議なしにいきなり文書送致することはないようにしています。市町村には「ＤＶ目撃通告」等の軽度なケースが増えることにはなりますが、重篤なネグレクト等、市町村で対応に苦慮しているケースは積極的に児相へ送致してもらうことも申し合わせました。

在宅支援がスムーズに展開する「かるがもステイ」

大分県には中央児相にしか一時保護所がありません。そのため中津児相では伝統的に在宅支援に力を入れてきた経緯があります。平成元年頃から「家族療法」が盛んでしたが、平成15年頃に親子で一緒に行うグループワーク（料理等）や親を対象にしたペアレントトレーニングを開始し、平成26年度には家族支援チーム「奏《かなで》」をスタートさせました。

この中で、平成27年度から実施している宿泊型事業「かるがもステイ」を紹介します。対象は、①親子分離のケース、②在宅の親子（一時保護から家庭復帰する時等）、③家庭復帰後のアフターケアで、日帰りと宿泊の2種類があります。特徴は、親子が一緒に長時間過ごし、生活訓練や親子関係改善のためのプログラムを受けながら、スタッフが観察・アセスメントや必要な支援を提供するところです。「かるがもステイ」で芽生えた家族と関係者とのパートナーシップが、その後の在宅支援をスムーズに展開させています。場所は地元の児童家庭支援センター「和《やわらぎ》」を利用し、「和」スタッフと児相スタッフ（保護者指導支援員）が中心になって実施します。

「かるがもステイ」の中では、親子の生活の様

子が観察できます。具体的な親の声かけ、食事やお風呂場面等の観察から、親子関係のアセスメントをします。また、ほのぼしたエピソードや親の意外なスキルも観察され、それをみんなで共有することで、家族の理解や家族との信頼関係も深まります。

「かるがもステイ」では必ず「3つの家」を使った「家族応援会議」を行います。これは関係者も含めたスタッフと家族が一緒に「かるがもステイ」でわかったことや普段の「心配なこと」「安心なこと」を整理し「今後について」考えていくものです。

「かるがもステイ」を通して、参加者全員が、今後、何が必要かを考え整理し、協働で家庭生活を再スタートできるようになります。

市町村にお願いしたいケース

児童虐待対応が増加する中、児相は限られたスタッフで、優先順位を付けて対応する必要があります。命の危険、性被害等、最優先で対応すべき事例がある中ではどうしても軽度なケースにまで十分に手が回らない現状があります。しかし、軽度なケースも適切な支援がなければ中度、重度と変化するリスクはあるため、市町村の専門性の1つでもある家庭児童相談員や保健師等が得意とする「寄り添い支援」や「寄り添うからこそ可能になる指導」のスキルを発揮して問題のエスカレートの防止をお願いしたいと思います。

在宅でペアトレが必要なケースをお願いできると、児相は措置児童の親へのペアトレに専念することができます。

不登校ケースもお願いしたいです。最近の不登校ケースには、発達課題、ひきこもり、親への関わりにくさ、貧困等の課題も多く、また課題は複合的に関わり合っていて、学校が苦慮している現状があります。学校だけではわからない家族全体を含めたアセスメントが重要になっています。

役割分担するうえでの注意点

軽度のケースであっても児相の専門性が必要な時には市町村から相談してもらい、重篤であっても市町村にあるたくさんの他職種の情報やスキル等について児相も相談したいので、役割分担はしつつも必要なところでは協働することが必要です。何より役割分担とその後の対応をスムーズにするために市町村と児相の信頼関係が重要です。

大分県では、虐待死亡事例をきっかけに平成23年に児童虐待に係る再発防止策の1つとして、各市町村ごとに「定期連絡会」を月1回開催し、共同管理台帳による進行管理をしています。全県で開催されるようになったこの「定期連絡会」ですが、大分県中津児相では平成16年の法改正で「市町村が一義的な相談窓口」となった時に、隙間に埋もれるケースがないように市町村と児相が連携して情報交換を行うことが必要と考え、管内4市で平成17年頃から試行的にスタートさせていました。

「定期連絡会」は市町村と児相が一堂に集まる場であり、役割分担の場であり、信頼関係づくりの場、パートナーシップの場でもあります。最初に述べた「虐待重症度判断基準表」による振り分けができたのも、市町村と児相の信頼関係があったからと考えています。

おわりに

役割分担をただの住み分けだけと考えずに、市町村と児相が協働する姿勢、「隙間に埋もれるケースがないように」という姿勢を忘れないことが必要です。そして、中津児相では「かるがもステイ」の取り組みを通して「役割分担」が「協働」に進化できることを実感しています。役割分担は、最終的には子どもと家族の幸せのためにもあることをこの特集を機に考えさせられました。

＊

本田しのぶ（ほんだ・しのぶ）◉大分県中津児童相談所児童福祉司。児童相談所勤務17年目（うち児童福祉司12年）。家族支援チーム「奏（かなで）」を担当。仕事上のモットーは、家族の笑顔を増やすために自分も笑顔で。社会福祉士、保育士。

□事例⑩

在宅支援において児相に求められていること——離島分室での経験から

沖縄県コザ児童相談所児童福祉司◉海野高志

沖縄県の現状

沖縄県は、41市町村のうち、15市町村が離島部にあり、また、人口が1万人未満の町村が、18町村あります。平成29年10月現在の人口が約１４４万３０００人、未成年人口が約33万人です。

沖縄県内の児童相談所は2児相2分室であり、福祉5圏域のうち、本島北部・中部の20市町村をコザ児童相談所が所管し、本島南部・宮古・八重山の21市町村を、中央児童相談所が所管しています。このうち、宮古圏域の1市1村と八重山圏域の1市2町にそれぞれ分室が置かれています。

県内の社会的養護施設の現状として、児童養護施設が8か所・定員３８２名、乳児院が1か所・20名、児童自立支援施設が1か所・34名、今春オープンしたての児童心理治療施設が1か所・30名です。また、以前から本県では里親委託率が高いのが特徴の一つです。

足で稼いだ八重山分室での経験

私は平成21年4月から3年間、1市2町を所管する八重山分室で勤務しました。当時、福祉保健所を間借りしていたため、専用の面接室もなく、また、相談の9割強が市内で、さらにそのほとんどが車で15分圏内ということもあり、訪問中心の相談援助活動をしてきました。

最初は敵対するケースでも自然と訪問の回数が多くなるためか、市同様、場合によってはそれ以上に信頼関係が築かれることもあり、保護者と生活保護申請や教育委員会、社協の貸し付け相談に同行することも多くあり、生活保護のインテークワーカーや社協の相談員から嫌な顔をされることもありました。

一方で、数は少なくとも、離島2町のケースについては、容易に訪問できない分、教員や診療所の医師、民生委員、駐在保健師や警察官など、島のキーパーソンとの連携が必要不可欠で、考え方の相違からうまく支援できなかったケースも、逆に支援がうまくいったケースもありました。

当時、八重山圏域3市町のうち、2町は要保護児童対策地域協議会が発足していたわけでも、児童福祉担当が専任で置かれていたわけでもなく、もっぱら保健師との協働が支援の中心でした。また、市でも今のようなケース進行管理型の要保護児童対策地域協議会が確立していたわけではなく、そのため、児童相談所と市町村の役割分担は明確ではありませんでした。

5年ぶりの児童相談所でのとまどい

平成29年4月、私は、コザ児童相談所に着任し、地区担当の児童福祉司となりました。担当地区は、

2市2町5村で、障害相談、虐待の初期対応と施設入所ケース（一部例外あり）を除くすべての相談を4名の児童福祉司で担当します。分室の時は、インテークも初期対応も施設入所ケースも担当していたので、全く勝手が違います。

さらに、担当地域も広く、2市のうち片方の市へは高速を利用して片道40分。一番遠い本島内の村まで片道2時間弱かかります。

それにも増して、一つ一つのケースが難しいケースであり、引き続いての一時保護の承認事件申立への対応等法的な対応を求められるものも多く、記録や資料作成に時間をかける必要が増えたような気がします。

また、平成28年児福法改正により、基礎自治体としての市町村の役割がうたわれ、法第26条第1項第3号のいわゆる市町村送致の新設により、一時保護の必要性のないケースは市町村支援への移行を早める流れが、特に、通報等で虐待初期対応をし、「虐待なし」もしくは「軽度」と判断されたが、支援は必要というケースで強まっているような印象を受けています。

私が手ごたえを感じた在宅ケース

昨年度、母と幼児3兄弟が、生活保護の祖母と小学生の叔母世帯に転入し、母は生活費のために祖母に3兄弟の世話を頼み、夜の世界へ働きに出るが、時折帰ってこなくなり、叔母が3兄弟の世話をするため学校を休みがちになるというケースを担当しました。もともと、ネグレクトケースとして町が関わってきた経緯もあり、また、過去、叔母を一時保護したこともあったため、祖母から3兄弟を預かってほしいと町への相談があり、町からの相談でケース立ち上げとなりました。

母は、祖母世帯から独立したいという希望があり、町相談員と連携して母子支援機関へのつなぎ等すすめてきました。しかし、生活費が底をつき、明日の食事も困る状況となり、児童相談所の業務携帯へ食料がないとの連絡を受け、台風が接近する中、食べ物を届けに行くということもありました。2度の一時保護を経て、実父方親族の協力を得て、住む場所を確保し、母子支援団体の協力を得て、母の就職先を確保し、町の協力を得て、3兄弟の昼の居場所を確保し、父方親族と母自身も参加しての要保護児童対策地域協議会個別ケース会議で、今後の支援体制を確認して、一時保護解除し、家庭復帰しました。

現在、児童相談所の継続指導は終結しましたが、要保護児童対策地域協議会の一員として、世帯の支援にかかわっています。

今振り返ると、町相談員との連携や同行訪問を繰り返し、他機関も巻き込みながら同じ視点で支援できたのがよかったと感じています。

同じ視点での役割分担を目指して

共通アセスメントツールづくりは、どの都道府県も悪戦苦闘されていると思います。沖縄県では当初、国の様式で試行することとなり、コザ児童相談所管内の市町村連絡会では、共通アセスメントツールの研修会を開催し、模擬事例を活用して実際に使ってみました。

そのことも踏まえ、1枚目の総合評価シートに加え、2枚目は、児童相談所で今まで使われているリスクアセスメントシートを改良して使うこととなりました。昨年度末運用方針がまとまり、実際の運用はこれからになりますが、今年度の市町村連絡会でも、共通アセスメントシートの活用について、ケースを使った研修会の開催を考えています。

また、コザ児童相談所では市町村職員に数日間、児童相談所に研修に来てもらい、実際にケース対応を一緒にするという取り組みを昨年度から実施しています。お互いの立場を理解して同じケースを共有する体験が今求められていると思います。

＊

海野高志（うみの・たかし）◉社会福祉士。1979年1月横浜生まれ。千葉の障害児施設を経て、沖縄大学で社会福祉を学び、沖縄県社会福祉職採用。児童相談所の他に児童自立支援施設児童自立支援専門員、本庁で認知症施策担当として勤務。

特集まとめ

児相研代表委員◉川﨑二三彦

市町村の取り組みを重視した平成28年改正児童福祉法

本特集に寄せられた原稿の中で多くの人が触れているように、児童虐待への対応などに関し、市町村が中心となって在宅支援を行うことは、平成28年改正児童福祉法が求めたことである。まとめにあたって、まずはその点を再確認しておきたい。最初に挙げるべきは、新設された児童福祉法第3条の3であろう。改正法が公布された平成28年6月3日に出された通知によると、次のような指摘があった。

「市町村は、基礎的な地方公共団体として、児童の身近な場所における児童の福祉に関する支援等に係る業務を適切に行うこととする（児童福祉法第3条の3第1項）。例えば、施設入所等の措置を採るに至らなかった児童への在宅支援を中心となって行うなど、身近な場所で児童や保護者を継続的に支援し、児童虐待の発生予防等を図る」

「市町村・都道府県・国の役割と責務の明確化」という趣旨からなされた指摘だが、改正はこの点だけにとどまらない。「市町村において特に在宅ケースを中心とする支援体制を一層充実するため、実情の把握、情報提供、相談・指導、関係機関との連絡調整等の支援を一体的に提供する」ことを狙いとして、「市町村は、児童及び妊産婦の福祉に関し、必要な支援を行うための拠点の整備に努めることとする（児童福祉法第10条の2）」旨が盛り込まれ、「児童相談所が虐待相談を受けて対応したケースのうち多くは、施設入所等の措置を採るに至らず在宅支援となっているが、その後に重篤な虐待事例が生じる場合が少なくない実態がある」ことから、「市町村を中心とした在宅支援を強化することとし、その一環として、児童相談所による指導措置について、市町村に委託して指導させることができる」こととなり（児童福祉法第26条第1項第2号）、さらに、「現行法上、市町村から児童相談所への事案送致の規定はあるものの、その逆の規定は設けられていない」として、改正法では新たに「虐待事案が適切な機関において対応されるよう、児童相談所から市町村に事案を送致できる」という規定も設けられた（児童福祉法第26条第1項第3号関係）。

以上をまとめると、基礎的な地方公共団体である市町村が在宅支援をおもに担うことを明確化し、そのための拠点の整備に努めることを求め、合わせて、児童相談所からの指導委託や送致の規定を定めることで、文字どおり市町村を在宅支援の中心に位置づけたものと言えよう。
ただし、現場はそれほど単純ではない。

児童相談所からみた市町村の役割

今回執筆された中の1人、東京都足立区こども支援センターの坂口晴実さんは、区（市町村）の立場から、在宅支援としてのショートステイについて、児童相談所における一時保護との違いを念頭に、（おそらくは一時保護所への入所に対する抵抗があることをふまえて）次のように述べている。

「心理的クッションとして、子どもの気持ちに寄り添う形で、在宅支援（ショートステイ）を利用してみることもありました」

同じように一時的に親子分離をするにしても、児童相談所と市町村とでは、その役割、意味づけは異なっており、その点をふまえて家族や子どもの支援を行う必要があることが示唆されよう。

ところで、今回の特集には都合10人の方が寄稿しているが、その中で、児童相談所職員もしくは児童相談所勤務経験のある人が過半数に達していた。したがって、市町村における在宅支援を児童相談所から見た場合、どのように映るのかが示されたのが今回の特集の特徴と言えるかもしれない。そこで、まずは各氏の原稿を引用する形で市町村の役割を考えたい。

「在宅支援は市町村、一時保護は児童相談所という画一的な切り分けでは相談の継続性や家族との関係性を適切に確保することは非常にむずかしくなるだろうと思います」（青森県の小寺順司さん）

「ケースの個別事情を踏まえると、在宅ケースは基礎自治体、施設ケースは児相と単純に区分するよりも、それぞれが持てる力を出し合う方がいい場合もあります。在宅と施設の間で、支援機関が相互に有機的に関わる場合もあるでしょう」（愛媛県の岡本高志さん）

「軽度のケースであっても児相の専門性が必要な時には市町村から相談してもらい、重篤であっても市町村にあるたくさんの他職種の情報やスキル等について児相も相談したいので、役割分担はしつつも必要なところでは協働することが必要です。何より役割分担とその後の対応をスムーズにするために市町村と児相の信頼関係が重要です」（大分県の本田しのぶさん）

どうであろう。この人たちの意見を聞くと、単純に「在宅支援は市町村」という構図は成り立たないのではないだろうか。さらに次のような意見もあった。

「役割分担が明確にされたとはいえ、市町村の体制や地域性は様々ですから、一律に切り分けて『そちらの役割なのだから』と対応を求めてもうまくいかないことがでてくると思われます。互いの守備範囲や限界を確認しながらも、その中でも何ができるかを考え実行しようという姿勢を示しながら、とにかく同じ方向を目指して一緒に動いているという感覚を共有できることが何より重要だと思っています。『誰がやるか』を決めることも大事ですが、それぞれの機関が現状よりも一歩踏み込んで対応することにより、支援の輪が重なり合い、結果としてモレのないきめ細やかな対応につながっていく、といったイメージが理想的かと思います」（京都府の衣川修平さん）

実際のところ、全国に1700以上もある市町村の実態はまちまちであり、衣川さんの言うように、機械的に振り分けるだけでは、子どもや家族に対する支援に支障が出る可能性もあろう。この点につき、沖縄県の海野高志さんは、同じ県内でも事情の違いが支援体制のあり方にも大きな影響を与えるとして、次のように述べる。

「（相談の9割強が市内で、さらにそのほとんどが車で15分圏内という児童相談所で勤務していたときには）自然と訪問の回数が多くなるためか、市同様、場合によってはそれ以上に信頼関係が築かれることもあり、保護者と生活保護申請や教育委員会、社協の貸し付け相談に同行することも多くあり、生活保護のインテークワーカーや社協の相談員から嫌な顔をされることもありました。

一方で、数は少なくとも、離島2町のケースについては、容易に訪問できない分、教員や診療所の医師、民生委員、駐在保健師や警察官など、島のキーパーソンとの連携が必要不可欠で、考え方の相違からうまく支援できなかったケースも、逆に支援がうまくいったケースもありました」

離島を抱えた児童相談所が全国どこにでもあるわけではないが、地域的な事情が援助方法の違いに直結する例として示唆を与える指摘ではないだろうか。したがって、法律的な枠組み、原則はふまえつつも、各市町村は自らの自治体の特徴を十分見極め、連携する児童相談所も、それらをふまえた柔軟な協働を心がける必要があろう。

なお、「市町村・都道府県・国の役割と責務の明確化」ということが、逆に支援の谷間を作り出してはならない。というのも、児童相談所でも市町村の児童福祉部門でもなく、教育機関においてスクールソーシャルワーカーとして働く町田市の細田和恵さんが、次のように記した点が気になったのだ。

「虐待が明らかな時は、学校が市の子ども家庭支援センターまたは児相へ相談や通告をします。SSWへの依頼は、そのどちらへ相談しても動いてもらえない（または学校が通告を躊躇する）場合や、児相や支援センターの対応が終結したものがあります」

児童相談所や市町村の児童福祉部門から少し距離のあるスクールソーシャルワーカーの目には、「どちらへ相談しても動いてもらえない」事例が見えているわけで、いささか危惧を感じたのである。同じスクールソーシャルワーカーである京都府の仙田富久さんも「お互いがのりしろを重ね合って支援を行う協働のあり方を探求していくことが必要と感じます」と書いているが、それは個々の事例に対する援助だけではなく、地域で暮らす全ての子どもと家族に必要な援助を届ける協働のあり方として理解していく必要があろう。

専門性と役割分担

ところで、在宅支援は、法律上すべて市町村で行うとされているわけではない。児童福祉法を正確に読むと、児童相談所の業務の一つは「児童に関する家庭その他からの相談のうち、専門的な知識及び技術を必要とするものに応ずること」とされていて、市町村との役割分担は、在宅か否かはではなく、あくまでも専門性の有無によるとされている。こうした事情があるからだろう、次のような指摘もあった。

「今回の線引きは〝専門的な知識及び技術が必要な業務〟〝市町村を超えた広域的な対応が必要な業務〟であり、何をもって専門的とし、どこで線引きをするのか、ああ、また市町村担当者の困っている顔が浮かびます」（群馬県の矢島一美さん）

では、本当に専門性の有無で区分けできるのか。実はこの点が、現在の実務の大きなテーマになっていると、私は思う。例えば次の意見。

「子ども家庭支援相談の支援目的は、家庭で愛されて育つという児童の当然の権利を守ることです。実務は、児の安全を守るための危機介入から在宅養育の破綻回避を目指すサービス投入、養育の質の向上まで幅広いですが、支援は同じ専門性のもと一貫して行われる一つのものです。一つのものですから、双六のように行きつ戻りつもします。それを児相と区で分担してやりなさいというのが、一連の法改正の方針なのでしょう」（横浜市の花坂佳代子さん）

花坂さんは児童相談所での勤務経験が長く、その後、区に異動されてワーカーをされているのだが、「支援は同じ専門性のもと一貫して行われる一つのもの」と述べられているように、区（市町村）も児童相談所も、いずれも同じような専門性を身につけるべきと考えているように感じられる。実は、法律の規定とは別に、現在は市町村の専門性の強化が大きな課題となっている。たとえば、平成28名年の児童福祉法改正を受けて行われた第1回の「市区町村の支援業務のあり方に関する検討ワーキンググループ」で、当時の塩崎厚生労働大臣は、次のように市町村の専門性の確保を求めていた。

「市区町村による専門的かつきめ細やかな、身近なだけにきめ細やかな取組を新たに構築することが大事だと思っておりますし、（中略）そういった専門性をどう確保していくのかということについて、やはりしっかりと私どもも対応していかなければならないと思っています」

市町村、そして児童相談所への期待

いろいろ述べてきたが、多くの原稿に、それぞれの部署で取り組んだ具体的な支援の事例が載せられていた。地域の、また機関による違いはあっても、こうした事例は、いずれも今後の児童家庭相談、児童虐待対応に光を与えるものとなっており、今後とも、現場で工夫しながら子どもや家族のため取り組むことを期待して、まとめとしたい。

＊

川﨑二三彦（かわさき・ふみひこ）◉全国児童相談研究会代表委員。子どもの虹情報研修センター長。児童相談所で32年間勤務し、京都府宇治児童相談所相談判定課長を経て、２００７年度より、子どもの虹情報研修センター研究部長。２０１５年度より現職。主な著書に『児童虐待』（岩波新書）、『子ども虐待ソーシャルワーク』（明石書店）、編著書に『日本の児童相談』（明石書店）などがある。

■クローズアップ

新しい社会的養育ビジョンの動向と課題

武藤素明◉二葉学園・二葉むさしが丘学園・トリノス統括施設長

はじめに

昨年（2017年）8月2日に「新しい社会的養育ビジョン（以下、ビジョン）」が発出され、そのビジョンに沿った社会的養育（養護）の改革が行われようとしています。このビジョンの方向性や趣旨などは理解できるのですが、そこに示された数値的目標や工程など、現在の進捗状況等からすると、その実現に向けての手段や方法等については多くの問題点や課題を抱えているのも事実です。

新しい社会的養育ビジョンについて、社会的養護の現場から見えてくる課題や問題点についてクローズアップするとともに、私たち社会的養護関係者が今何をしなければならないのかについて私見も含めて明らかにしたいと思います。

そもそもこのビジョンの発出の前提となる児童福祉法改正は、児童虐待問題や子どもの貧困問題の実態などから、子どもを取り巻く現状における制度改善がまったく追いついておらず、早急に法改正をして抜本的対策を講じるべきと児童福祉法改正に至ったことが目的や趣旨でした。検討当初は社会保障審議会児童部会の中に専門委員会として、広く関係者の意見を聞きながら検討してきたところですが、平成28年の夏から開催された「新たな社会的養育の在り方に関する検討会」においては、塩崎厚生労働大臣のもと、有識者による構成員により（どのような選出基準で選出されたのかよく理解できない）検討会が持たれました。検討会において前半は多くの関係者のヒアリングを行ったにもかかわらず、その関係者の意見が最終的な提言（まとめ）にいかに反映されたのかもよく分からず、非常に疑問が残る結果となってしまい、今振り返ると「結論ありき」でこの間の審議や検討が行われたといわざるを得ない結果になっているといえます。関係者にも国民にも今度の法改正の趣旨や背景が十分に理解できていないのではないかとの危惧があり、もっと現場や国民的な広範な議論に則り、このビジョンについてもまとめられればよかったと考えます。

1. 児童福祉法改正と「新しい社会的養育ビジョン」発出の背景

（1）児童福祉法改正の目的と評価

2016年5月27日成立、6月3日施行した児童福祉法改正の内容については、本誌『子どもと福祉』9号で「児童福祉法の改正と社会的養護の課題」というテーマで法改正の背景や趣旨、内容や評価について書かせていただきましたが、今回の「新しい社会的養育ビジョン」の発出に関わって、今一度この機に児童福祉法改正の目的と評価をしてみたいと思います。

児童福祉法改正の背景としては、第一には児童虐待の深刻な実態は収まるどころか増加の一途をたどっており、虐待の内容的にも深刻化しており、それら児童虐待に対する対応が第一義です。また、第二に要支援家庭や要保護家庭の広がり、ひとり親等の対策など子どもの貧困対策への対応です。さらには、児童福祉法自体戦後昭和22年に制定して以来、理念や目的を明記した総則そのものが変わっていない状態であり、この間の急激な子どもを取り巻く社会や環境変化に合わせた改正が必要と根本論議から開始したところです。いわゆる「格差社会の進行による子どもの貧困の厳しい現状」「要支援家庭や要保護家庭の広がり」「児童虐待の深刻な実態」に国や都道府県や区市町村の対応がまったく追いついていない現状にあり、現状対応に見合う法律改正を行い、すべての子どもの最善の利益を保障することが今回の大幅な改正趣旨です。

児童福祉法改正のために「新たな子ども家庭福祉のあり方に関する専門委員会」が開催され、虐待防止システムについては「国、都道府県、市町村の役割と責務」「児童福祉司の質の向上と国家資格化」「母子保健施設の充実策」「司法関与について」「トリアージセンターの設置」「要保護児童対策地域協議会の強化策」「一時保護所のあり方」等のテーマについて検討がなされました。また、社会的養護システムについては「里親・特別養子縁組制度について」「家庭復帰後の継続支援策」「親子関係再構築について」「18歳に達した者の支援」「退所後のアフターケア」などの検討を行いました。取りまとめについては、主に専門委員会から10名の幹事メンバーが選出され、幹事メンバーを中心に取りまとめ案が作成され、その取りまとめ案を平成28年3月10日の専門委員会にて確認し、また、同年3月16日の社会保障審議会児童部会において審議し、その後厚生労働省と法務省等関係省庁や主要機関との調整がなされ改正案が作成されました。

法改正の主たる事項としては、第一条から第三条までの総則の部分の改正です。児童福祉法の理念として、児童の権利に関する条約の精神にのっとり、養育、成長、発達、自立等の権利を等しく保障される権利を有する、と児童の権利条約の精神を前面に打ち出したことであり、第二条では保護者と国及び地方公共団体の養育責務を分けて法文化しています。

第三条には国および地方公共団体の責務を明確にするとともに、養育環境として家庭養護や家庭的養護を明確化したところです。

しかし、法律改正趣旨には基本的には賛成ですが、児童心理治療施設や児童自立支援施設、また、児童養護施設等においても家庭的環境だけでは支援が困難な児童もいることは前回指摘したとおりで、ケアニーズの高い児童の支援には治療的かつやや集団的なケアが必要な児童もいるはずですし、子どもの状態やニーズに応じた支援が必要であり、そのために多様な児童福祉、社会的養護の受け皿（生活の場）が必要です。欧米での家庭養護偏重の見直し議論や現在の脆弱な里親支援システムを考えると児童養護現場からはこの方向性に不安が残るところは前回も指摘したところです。

家庭養護や家庭的養護の促進も必要ですが、その家族や家庭的環境をしっかりと地域や社会で支えながら子育てをする環境を整えるための具体的方策を促進しないと、またその小さな集団で虐待や不適切養育等が蔓延してしまう可能性が大きくなるのです。

法律改正の趣旨をどう具現化するかについて広く意見を聞きながら進めないと現実的には矛盾や支障を来すことになってしまうのです。

(2) 社会養育ビジョンの検討と発出過程

児童福祉法改正のための「新たな子ども家庭福祉のあり方に関する専門委員会」においてまとめた提言内容について、細部にわたる検討をする必要性から、当時の厚生労働大臣であった塩崎恭久氏の下に検討会が立ち上げられ、平成28年7月から一年間かけて検討が行われました。その中でも、「新たな社会的養育の在り方に関する検討会（奥山眞紀子座長）」については、社会的養育の在るべき姿を検討するとともに、「社会的養護の課題と将来像」（平成23年7月）を全面的に見直すことにより、新たな社会的養育の在り方を示すとし、そこでは、①改正児童福祉法等の進捗状況を把握するとともに、「新たな子ども家庭福祉」の実現に向けた制度改革全体を鳥瞰する、②改正児童福祉法を踏まえた社会的養育の考え方、家庭養護と家庭的養護の用語の整理・定義の明確化、③施設の地域分散化も含めた施設機能の在るべき姿、④里親、養子縁組の推進や在宅養育支援の在り方、これらを踏まえた社会的養育体系の再編、⑤都道府県推進計画への反映の在り方、⑥児童福祉法の対象年齢を超えて、自立支援が必要と見込まれる18歳以上（年齢延長の場合は20歳）の者に対する支援の在り方について検討するとして、検討が開始されました。

その他、「司法及び特別養子縁組制度の利用促進に関する検討会（吉田恒雄座長）」「子ども家庭福祉人材の専門性確保ワーキンググループ（山縣文治座長）」「市区町村の支援のあり方に関する検討ワーキンググループ（松本伊知朗座長）」の３つの検討会で検討され、最終的には部分的な法律改正と今回の「新らしい社会的養育ビジョン」として平成29年8月2日にまとめられたところです。

2. 新しい社会的養育ビジョンの内容と課題

（1）新しい社会的養育ビジョンの内容（概要）は以下のとおりです。

①市町村の子ども家庭支援体制の強化
「要支援児童の措置や支援にとどまらず、派遣型支援事業、ショートステイ、児童家庭支援センターの拡充策等、在宅措置や通所措置を公的補助制度で実施」

②児童相談所・一時保護改革の推進
「児童相談所の中核市・特別区設置促進、一時保護を里親や施設（小規模な生活集団）で」

③里親への支援体制の強化
「里親包括的支援体制（フォスタリング機関）の抜本的強化の推進策（平成32年までに整備を完了する。）」

④永続的養育保障の確立
「特別養子縁組制度の促進（5年以内に現状の2倍、年間1000人以上の成立目標）」

⑤乳幼児の家庭養育優先の徹底
「就学前の子どもの施設入所措置を原則として停止する。」
⇒3歳未満の子どもの里親委託率を5年以内に75％以上を実現する。
⇒3歳から就学前の子どもの里親委託率を7年以内に75％以上にする。
⇒学童以降の児童は10年以内に里親委託率を50％以上にする。

⑥施設の抜本改革
「ケアニーズに応じた措置費・委託費の創設と体制整備をする。」
⇒全ての施設は概ね10年以内に小規模化（最大6名）、地域分散化の実現
⇒その際、常時２人以上の職員配置を実現
⇒高度なケアニーズに対し迅速な専門職対応ができる高機能化をめざす。
その際、生活単位は４人とするべき、また、子ども１人に対し職員２人配置するべき。（子ども４人に職員８人配置）
「一時保護を担う施設、児童心理治療施設、児童自立支援施設にも高機能化、地域分散化をめざす。」
「施設が地域支援やフォスタリング機関事業等を行う多様化を、乳児院から始め、児童養護施設や児童心理治療施設、児童自立支援施設でも行う。」（平成29年度中

に国から促進策（在り方）を提示する。都道府県は平成30年度に施設の多機能化や機能転換について計画立案をする。）

「まずは、乳児院の改革から始める。里親支援、地域支援、一時保護等多機能化。名称変更も検討する。」

⑦自立支援（リービングケア、アフターケア）の強化

「平成30年度までに社会的養護経験者の実態を把握し、5年以内に包括的な制度の枠組みを構築する。そのために自立支援方策を具体化するための検討の場を設ける。」

⑧担う人材の専門性の確保と向上

「児童福祉司等の研修や市区町村の専門職研修の充実を図る。」（※いくつか触れているが、従来の研修方法等を記載しているだけで社会的養護分野に関しては皆無）

(2) 今回のビジョンの問題点（社会的養護の観点から）

①「家庭養護」の定義と「家庭的養護」の定義、また、その中身のあり方について

　たとえば「養育者の永続性」「愛着関係を基にした安心安全さの担保」を目的として家庭養護の拡充を進めようとしていますが、現実的には里親養護において滞在期間が短期になってきており、養育の永続性の保障ができていない現実もあります。また、施設においても施設内でユニットケアや小規模グループケア等により愛着関係を基にした安全安心の担保を構築している段階であり、また現在、里親や施設のあり方について社会的養護の現場で養育の中身も含めて検討実施中です。その改善を図りはじめたにもかかわらず、現場の意見が十分に反映されずに、今回のビジョンの数値的目標や滞在期間の限定や家庭的養護の固定的観念の押しつけがなされようとしているところが今回の改革の一番の問題点であるといえます。養育の中身や質的課題について十分な議論がなされずに進めようとしているところに最大の課題があるといっても過言ではありません。

　養育の「持続性」「一貫性」「連続性」を大切にするといっていますが、要支援児童、要保護児童のアセスメント～措置、支援、リービングケア、アフターケアまでの一連の支援がどの構図で実施できるのかなど養育の中身についての検討が不十分です。里親不調や養子縁組不調の児童の支援と里親や実親との調整システムとその後の支援策も含み、また、チーム養育の具体化などもっと具体的に明らかにするべきでしょう。

　また、里親委託率目標を75％を5年以内（7年以内）に達成目標等を具体的に示していますが、現在の子どもたちの深刻な状況を見ると、この急激な政策誘導策が「養育者の永続性」「愛着関係を基にした安心安全さの担保」を保障できずに子どものドリフト（漂流）状態をつくってしまう可能性が高くなると思われます。

　里親委託率75％を5年以内（7年以内）に達成目標とする根拠として、現在乳児院に6か月以上入所している児童２３９１名をそのまま里親委託をすれば、75％を達成できると説明していますが、現在も里親委託を推進しているにもかかわらず、子どもの状態や親権者の意向や里親へのマッチングなどの課題もあり里親委託が進んでいない現状もあります。それらの現状の困難さへの対応を抜きに一方的に里親委託をすすめることは、子どもの最善の利益を保障することにはつながりません。また、里親拡充策が一定示されてはいますが基本的には今後の検討とされており今回のビジョンでは展望が十分に描き切れておらず、里親委託率75％や50％を前提とした目標を設定することは問題であると言わざるを得ません。

　また、里親養育や家庭養育の困難さへの対応等が十分に示されておらず、「子どもの最善の利益追求」「子どもの権利擁護」が追求できる安全で安心で成長と自立が十分に保障される場づくりが必要であり、そのために多様な子どもや家族のかかえる課題に対応できる多様な受け

皿が必要と考えます。

②施設等の滞在期間を就学前児童は原則数か月、学童1年以内、また最長3年以内と設定したことについて

あくまで子どもの養育の安定と成長等に鑑みて子どもの措置や入所期間を決定をするべきであり、一律に滞在期間を定めることについて示すことは子どもの最善の利益追求にはなりません。

特に虐待を受けて入所する児童や発達に障害を抱える児童の支援は1年間など短期では十分な支援ができないのも事実であり、またこのことにより養育環境が再三変更になることだけは避けるべきだと考えます。

また、就学前の子どもについて「原則、家庭養護を優先」することについて反対するものでありませんが、「施設への新規措置入所を停止する」との表現は踏み込み過ぎであり、子どもの状態や親の状況、また、里親の意向など十分に配慮しながら個別のアセスメントによる丁寧なケースワークのもとで措置決定がなされないと、これまた子どもの最善の利益保障にはつながりません。

③施設を「できる限り良好な家庭的環境」へ導くプロセスや誘導策が不明確

現実的には、施設がまだ大舎制や集団規模の大きな施設も存在している現実であり、大舎制やユニット制で改築して間もない施設もあります。都道府県推進計画の進捗状況やそれぞれの施設や法人の家庭的養護推進計画の進捗状況に合わせた職員の関わり方や働き方等がどうあるべきかについて、検討会の議論からはほとんど見えてきません。

また、ケアニーズの高い児童への支援策等においてもっとその支援のあり方について十分な検討がなされていません。小規模化や地域分散化だけで今の子どもたちを十分に支援ができるのでしょうか？ 心理治療施設や児童自立支援施設も小規模化や地域分散化するべきとされていますが、現場には様々な考えや実践があるにもかかわらず、その方向性のみを強調することには社会的養護の施設現場としては理解ができません。また、また、里親養護と施設養護の調和と協働を前面に出すべきであるにもかかわらず社会的養護（養育）全体を家庭養護や家庭的養護のみにシフトしてしまおうとしていることも現状からすると理解できません。

欧米の実践や国連の勧告を日本でも実践する方向が強調されていますが、日本は日本の文化や歴史や民族性があり、全養協の前会長である藤野興一氏が命名した「日本型社会的養護」の方向を目指すべきであり、施設か里親かではなく、施設と里親とが協働連携して、社会的養護や社会養育へ力を発揮できるシステム作りが必要な時です。

施設で社会的養育が十分にできないことはありません。また里親だけで社会的養育の受け皿になり得るのかといえばそうではありません。肝心なのは、子どもの養育ニーズに応じた「養育の質」の担保と里親と施設等との「協働連携力」が必要なのです。そのために、もっと養育の質の向上に言及する議論とシステムを確立するべきです。また、今後必要とされる施設体系のあり方（見直し）像が十分に示されておらず、これまでの施設の機能や役割についての評価や改善課題が今回の新ビジョンでも十分に検証されていないのが問題なのです。

また、ビジョンの議論や提言について、「社会的養護の課題と将来像」でめざすべき養育指針や運営指針を示し、社会的養護に関わるハンドブックを作り、第三者評価基準もそれを基に作成し現在進めていますが、その見直しはどの程度、どこで行うのかなども明確ではなく、最も肝心な養育の中身や質の課題が置き去りにされています。

④自立支援策について

自立支援策についても検討会において様々な意見が出されていますが、具体的な対策や方法が提起されていないので、社会的養護の当事者や施設職員や里親にもっと有効的な自立支援策を広範に意見聴取して、様々な取り組みができ

るように早急に政策化するべきです。検討会のメンバーから当事者や当事者団体等を外してのビジョンであり、これを具体化するときに様々な支障や矛盾が生じて結果的には子どもの最善の利益保障につながりません。

まだまだ、様々な課題や意見があるにもかかわらず、8月3日に大臣が代わるからと言って8月2日に無理矢理まとめたものであり、今後も引き続き様々な意見を出しながら改善していく余地を多く含んでいることには間違いありません。

(3) 社会的養育ビジョンと「都道府県推進計画」の見直しについて

社会的養護現場においては平成23年7月に国から発出した「社会的養護の課題と将来像」の実現に向けてこれまで様々な改革を行ってきたところです。その計画を各施設や各都道府県において具現化するために平成27年度から家庭的養護推進計画および都道府県推進計画として、いわゆる里親養護を中心とした家庭養護の推進として施設においても小規模グループケアや地域小規模児童養護施設（グループホーム）等を中心とする家庭的養護の推進計画が平成27年度からスタートしたところです。しかし、「家庭的養護推進計画」と「都道府県推進計画」として、また、今回の児童福祉法改正においても、今後の社会的養護の方向性を改めてこの時期に再確認するとともに様々な課題について改善していく必要があります。まず第一に、家庭的養護を推進していくための条件整備が貧弱なことです。児童養護施設等の職員配置が近年にない改正がなされましたが、生活単位の小規模化に伴うきめ細かな配慮や職員配置ができていない現状であり、里親や施設でおこる被措置児童等虐待事案を分析をすることとともに、それらに対する対策が現場も行政も不十分です。また、職員の確保、育成、定着に向けた対策が国家的にも都道府県としても十分な取り組みができていないことです。

また、社会的養護は社会的というように狭い範囲の要保護児童対応だけを範疇にするのでは意味がありません。社会的養護の事業そのものは地域貢献、社会貢献から始まっていることの原点に帰り、社会全体の子どもたちの育ちに責任を持ち、地域で暮らす家族全体に視野を広げ、様々な人や機関等とのネットワークで社会的養護を進めていくべきだということを再認識して、今後の社会的養護の変革を進めていくべきだということをあらためて強調したいと思います。

(4) 今、私たち社会的養護関係者の役割と取り組むべき課題

これまでに述べてきたように、新しい社会的養育ビジョンは、その趣旨や方向性については肯定的にとらえ推進していくべきだとは考えています。

ただし、前述のように多くの課題や問題点を抱えているのも事実であり、日本全国の状況を見るとこれまでの経緯にしても現状にしても、子どもや家族が置かれた地域の状況にあまりにも違いがあります。地方分権下においても政策状況の違いもあり、全国のすべての都道府県にこの数値的目標や年限を掲げ強引に実行を迫ると、様々な問題やほころびにつながってしまうことになると思われます。

特にこのビジョンには都道府県の意見が十分に反映されていないのが問題であり、今後、都道府県推進計画の見直しをする場合、それぞれの都道府県の状況や、特に児童相談所や施設や里親、また、関係者の意見や要望が十分に盛り込まれた計画を立てるように働きかけを行う必要があります。今回の都道府県推進計画の見直しにおいて国全体として確立すべき予算のあり方や制度のあり方を、逆に地方から国に提案するべきです。

また、こういうときほど、もっと日常的に関わっている職員からの制度要望などを発信しないと、現場職員のモチベーションが極端に下がってしまうように思えます。自分たちの毎日の子どもへの関わりがしっかりと認められていな

いという諦めや虚無感につながってしまうことが一番残念なことであり、現場職員が必要なことをもっと政策に反映させるべきだと思います。

子どもの問題も重篤化していく中で、また、社会的養護を必要とするほとんどの子どもには実親が存在し、親子支援や地域で見守りを必要とするケースはますます多くなると思われます。社会的養護の課題と将来像でも描いたように、また今回の社会的養育ビジョンで検討されている施設の多機能化、高機能化においても、社会から必要とされることを積極的に実践し応えていくことが、私たち社会的養護の施設関係者の元気と自信と未来への展望につながることと確信するところです。

都道府県社会的養育推進計画の策定要領（都道府県推進計画の見直し要領）が今月にも厚生労働省から発出されようとしている今、私たち社会的養護の現場から、都道府県の児童福祉行政主管へ、「子どもの最善の利益を保障する視点」に立って、さまざまな提案をしていく時です。

おわりに

児童福祉法を改正して、市町村の子ども子育て施策から都道府県の児童相談所を含む児童福祉体系の見直しをおこない、すべての児童の権利と養育を保障しようという方向性は大いに評価するところです。また、「社会的養護」という狭い範囲の改革だけでなく、「社会的養育」と変えて、すべての児童の養育保障について明確にしたことについても大いに評価するところです。しかし、その具現化のための方法や工程を間違ってしまうとその方向性や目的達成が十分果たせないことになってしまい、しかも新たな問題を生み出してしまう危険性があります。これまでの取り組み状況や進捗状況の評価や分析をするとともに、現在の取り組みをどう改正すると現実的な成果に結びつけられるかなど、その検証から導き出された教訓からの政策反映が必要なときです。

また、そのために国家予算がどれだけ必要とされるのかなどについて明確に打ち出し、それを工程表等に表し、それらをビジョンとするべきでしょう。そのためにもっとも必要なことは、何といっても市町村の支援体制の強化策をもっと前面に打ち出し、虐待予防策に最も力を入れるべきと考えます。

現場の人たちが将来に希望をもって、意欲的に関わっていこうとする意欲を阻害するような政策作りであってはなりません。長年この社会的養護の現場に関わっている一人として、最も重要なことは、その実践は関わる児童福祉行政、児童相談所、市町村で、また、社会的養護現場で関わる人たちの熱意と専門性の向上が重要なキーポイントとなることは間違いありません。法律づくり（制度の最も基になる規定）、そのための様々な制度づくり、それを実施するための体制整備（予算、人、建物等）、また、作った法律や制度が十分に機能しているのかの点検作業などを一体とした改善策の提示とその実践が今まさに求められているときです。

＊

武藤素明（むとう・そめい）◉児童養護施設二葉学園・二葉むさしが丘学園・自立援助ホームトリノス統括施設長。東京都社会福祉協議会児童部会・児童養護施設問題検討委員会委員長。全国社会福祉協議会・全国児童養護施設協議会副会長。全国社会福祉協議会政策委員会委員。厚生労働省社会保障審議会福祉部会委員。内閣府子ども子育て会議委員、子供の貧困対策に関する有識者会議委員。全国児童養護問題研究会副会長等。

クローズアップ

「新しい社会的養育ビジョン」と養問研の姿勢

遠藤由美◉日本福祉大学子ども発達学部教授

はじめに

本稿では、「新しい社会的養育ビジョン」（以下、「ビジョン」と略）に対して全国児童養護問題研究会（以下、「養問研」）としての意見をまとめた立場から、養問研の「社会的養護」のこれからについて述べます。「ビジョン」に対する養問研の意見表明と何年かに亘る基調報告をベースに議論してきた内容を紹介します(1)（「都道府県推進計画見直し要領案」については別稿に譲ります）。

1．子どもの「社会的養護」から「社会的養育」への「哲学の転換」提案

２０１６児童福祉法改正を受けて、「新たな社会的養育の在り方に関する検討会」が組織され、２０１７年8月2日には「ビジョン」がまとめられ、厚生労働大臣に提出されました。その内容は「社会的養護の課題と将来像」を見直し、短期に期限を設定した数値目標を含む、まさに「新たな」養育のあり方を提案するものでした。

「ビジョン」では、「社会的養育」への「哲学の転換」が主張され、親子・家族を分離しないケアの充実を進めるための市区町村子ども家庭福祉支援体制の構築とともに、「児童相談所・一時保護改革」「里親への包括的支援体制の抜本的強化と里親制度改革」「永続的解決としての特別養子縁組の推進」「乳幼児の家庭養育原則の徹底と、年限を明確にした取り組み目標」「子どもニーズに応じた養育の提供と施設の抜本改革」が示されました。

奥山真紀子「ビジョンの代替養育への考え方」

社会保障審議会児童部会社会的養育専門委員会
奥山提出資料

- 乳幼児は原則、施設ではなく里親・ファミリーホームへの委託による家庭養育保障（7年以内に75％以上里親）家庭で育つ方が発達が良いことが明らかになっており、施設養育を残している国々でも里親養育が常識。
- 特に3歳未満はできるだけ早期に家庭養育へ（5年以内75％以上）この時期はアタッチメント形成が必要で安定した1対1養育が必要、交代制勤務では困難。
- 里親は小学校区に最低1家庭必要 ⇒ ２００００世帯（現在の里親登録数＋ファミリーホーム数は約１１０００世帯）
- 施設は10年以内に全施設を小規模化し、ケアニーズの高い子ども、家庭に拒否的な年長

児を対象として手厚いケアを行う（6人の子どもに常時2人の職員体制）

- ケアニーズに応じた措置費、委託費を設定する。
- 子どもの声を聴くためのアドボケイト制度の導入
- 施設養育は乳幼児で数か月、学童期以降は1年を原則とする。
- 施設の高機能化・多機能化

【高機能化】　施設をケアニーズの高い子どもに対応できるように高機能化（小規模化した上で、職員の増員及び質の向上）して、入所児童数は減少させることが必要、6人のグループホームで子どものいる時間帯は常時2人の職員配置、非常に専門的ケアが必要な場合は4人定員へ

【多機能化】　フォスタリング機関を担う、一時保護機能を担う、家庭復帰計画を担う、親子ホームを担う、児童家庭支援センターとして地域支援を担う　等

ビジョンで求めている主な数値・期限目標

項　目	現　状	目　標
特別養子縁組成立件数	500/年	概ね5年以内に1000件/年
里親委託率	18％	
3歳児未満		概ね5年以内に75％
就学前		概ね7年以内に75％
学童以降		概ね10年以内に50％
フォスタリング事業・機関	なし	平成32年までに各県に最低1か所
施設入所期間	長期	就学前は数か月以内、就学後は当面3年以内・将来的には1年以内
中核市・特別区児相	2中核市のみ	平成33年までに設置できるよう県が支援
一時保護		平成31年度に国のガイドラインに基づく県の適正化5か年計画
児童相談所		
機能分化		国が方向性を示し、平成33年までに各県が計画
窓口一元化		同上
弁護士配置		平成33年度から5年で全ての児童相談所への弁護士配置
市区町村の子ども家庭支援		平成31年度に市区町村が構想を計画し、都道府県が集約

前掲 奥山提出資料より作成

里親委託率の高い数値目標が短期間の期限つきで示されたことは、一つの大きな特徴であり、論点です。「愛着形成にもっとも重要な時期である3歳未満については概ね5年以内に、それ以外の就学前の子どもについては概ね7年以内に里親委託率75％以上を実現し、学童期以降は概ね10年以内を目途に里親委託率50％以上を実現する」とする数値目標について、藤林委員は、これまでさまざまな行政文書に「原則」として書かれていた「里親最優先の原則」を具体的な数値に落としたものと指摘しています。さらに、「乳幼児の家庭養育原則」を実施すれば、10年後には児童養護施設の子どもたちの数は半減するという計算を示しました。思春期で難しい場合、高機能の施設で短期間養護を行い、再び里親に戻ることなどが想定されますが、通学の問題もあるので、子どもにていねいに説明し、その意向を尊重することの重要性が指摘されています。

また、施設養護のあり方について「ビジョン」は、「すべての施設は原則として概ね10年以内を目途に、小規模化（最大6人）・地域分散化、常時2人以上の職員配置を実現し、さらに高度のケアニーズに対しては、迅速な専門職対応ができる高機能化を行い、生活単位は更に小規模（最大4人）となる職員配置を行う」と「抜本改革」を提案しています。

2．養問研の意見表明「『新しい社会的養育ビジョン』と養問研の姿勢」

養問研は、これからの「社会的養護」や子育ち・子育て・共育ちを考えるとき、子どもの実態から出発した子どもの権利保障が最も基盤になると考えています。さらに、子どもの権利保障のためには、養育者（支援者）の権利保障が共に必要だと考えています。長い養護の歴史の中で、困っている子どもたちの姿を目の当たりにし、何とか子どもたちの生命と育ちを確保したいと願い、厳しい条件の下でも養護実践の向上に努めてきた養育者（支援者）の取り組みを知っているからです。「ビジョン」の全体像が子どもの権利の観点を大切にしようとする姿勢には賛同するものの、まさにその子どもの観点からみて、また、今後の日本の児童福祉とりわけ「社会的養護」のあり方に関する影響と責任の観点から見て看過できない問題があると考え、「『新しい社会的養育ビジョン』に対する意見――子どもたちと支援者の現実から出発した『子どもが主人公』『個と集団の育ちあい』の観点にたつ制度改革を求めます。」と題する意見表明を行いました（1~5主要項目）。

1．子どもが望む家族との距離感を保ちながらその自立を支援するためには、養子縁組・里親か施設かの二者択一ではなく、子どもの権利を守る社会的養護の多様な選択肢が必要です。

2．里親委託の拡充については、国際的なフォスターケア・ドリフト問題、日本の里親委託解除・措置変更の多さ、被措置児童等虐待発現率などの現状に立脚した現実的な改革の実施を求めます。

3．施設養護において「良好な家庭的環境」を実現するために、子どもを主人公とする施設運営、「個と集団の育ちあい」の観点による実践を可能にする設備運営基準の改善が不可欠です。

4．今後の乳児院・里親とフォスタリング機関・児童相談所の関連が不鮮明です。

5．地域で子どもが育つ「共育て」の観点をもつ地域づくりが必要です。

養問研の主張を象徴した「意見表明」の「おわりに」を、以下に紹介します（全文は97頁より掲載）。

社会的養護の未来を方向づける提案は、日本における社会的養護の歴史をふまえ、その現実から出発しなければ、的外れな提案になります。日本の社会的養護の目指すべき方向は、子どもの権利を基盤に、現実のさまざまな課題の解決をめざすとともに、これまでに蓄積されてきた施設養護や里親養育の実践的成果の上に作り上げるべきものです。「ビジョン」は、養護を必要とする子どもとその養育者との個別的な愛着関係の重要性を過度に強調しており、それぞれが他者との関わりあいの中で生活している現実、また、そこで育ちあっている現実とその重要性を過小評価していると言わざるを得ません。

社会的養護の実践の中で蓄積されてきた成果や課題については、改めてこれに携わっている多くの関係者が同じテーブルにつき、子どもの権利擁護のために協力して、一緒に、子どもの養育の方法論について議論することが大切です。

家庭養護でなければ愛着関係を築けないわけではありません。実践のあり方によっては施設養護でも愛着関係を築くことは十分に可能です。養問研の各地での例会や毎年の全国大会では、そのような実践が数多く報告されています。また、家庭養護だから子どもの権利が守られるとは限りません。実親による児童虐待の増加がそのことを何よりも証明しています。家庭養護でも施設養護でも、子育てに携わる人が、どのような子育てをするのか、お互いの利点を活用しながらシステムとしてどのように連携していくのかが重要ではないでしょうか。

個別支援の重要性はいうまでもありませんが、子ども集団が子どもの生活や発達に欠かせないことも明らかです。子どもの「育ちの場」として、特に家庭環境を奪われた子どもに対する公的・社会的な「育ちの場」を保障するシステムには、そこに子どもの権利を擁護する支援があるなら、いろいろな形があるのが自然であり、望ましいといえます。子育て不安が拡大し、児童虐待が増加しつつある中で、養子縁組か里親か施設養護かについて機械的に優先順位をつけ、対立的にとらえるような議論をしている場合ではありません。今こそ、社会的養護に携わる者たち同士の協力が必要です。

養問研としては、社会的養護の目指すべき具体的な方向性は、「個と集団の育ちあい」などの原則を追究することであると考えます。また、国は、そのような実践や社会的養護の展開を可能とする職員（支援者）の増員およびその専門的・集団的力量を高めることのできるような設備運営基準の改善をはかるべきです。さらに、地域をベースに子どもの育ちや社会との関係に応じた縦横の切れ目のない支援を保障すべきであり、そのような観点から社会的養護・養育の将来像を改めて検討する必要があると考えます。

（以上、「意見表明」）

3.「ビジョン」最終案を検討した8月2日における「集団養護」議論

「ビジョン」の文案を検討した「新たな社会的養育の在り方検討会」8月2日会合で、突然、養問研初代会長積惟勝の養護論の評価をめぐって意見が交わされました。それは「ビジョン」の内容として、この日新たに加えられた「6施設養育に求められる高度な専門性」項目の検討場面でした(2)。

この項目で取り上げられている「ビジョン」文案のうち、「施設養育は、子どもたちの呈する複雑な行動上の問題や精神的、心理的問題の解消や軽減を意図しつつ生活支援を行う」こと、「子どもが深刻な行動上の問題等を持っていたとしても、裏切りや喪失を繰り返し体験してきた子どもを真に抱える（略）とともに、子どもの抱える家族との関係性の問題等の解決を目指した支援を提供しなくてはならない」こと、「トラウマやアタッチメントに関する理解とこれらを認識した生活支援、日常生活において表現される子どもの問題行動への対応技術、家族の抱える問題（略）に対する深い理解とそれに基づく子ども・家族への支援など、極めて高度な専門性が求められる」ことには異論はありません。問題の文に続く「ルールによる集団管理に依拠してきた生活のあり方」の指摘も、それが子どもの意見の反映されないルールによる一方的な管理であるならば「根本的に改める」べきであり、「子どもと、生活支援を担う養育者（ケアワーカー等）との関係性」が重要であることも同意できます。しかし、「（略）治療的養育の提供や家族問題への支援は、子どもや家族の個々の支援ニーズに基づいて行われる、きわめて個別性の高いものであり、従来の『集団養護』や『集団処遇』といった概念は不適切である。（傍線部遠藤）」との指摘には同意できません。

松本委員は「集団養護」「概念そのものについて議論されていないので、特になくてよい」と指摘しましたが、西澤委員は「『集団養護』は、積惟勝の集団養護理論を指す。そこまで遡るか、それが今ゆがんで、現在の集団養護理論がある。そこまで説明するのか」「『集団養護』は、かなりしっかりした理論を重ねているものであり、かつ、いまの現場で個別化を進める上で、私は非常に不適切だと思っているので、その点を明らかにした方がいいのではないか」と述べました。松本委員は、「個別性の担保」について同意しつつ、「ある特定の理論について、その評価について議論したいわけではないので」と、積惟勝集団主義養護論について記載することに反対の意見表明を行いました。

　また、塩田委員は、「誤解を受けてはいけないと思うので、…ホスピタリズム論争の積先生の『集団主義養護論』は、別に個別性をおろそかにしたものではないので、そこと一緒にならなければいいなとは思っています。集団の中でも個を大切にするという意味合いが入っていたと思います」と指摘し、「集団主義養護論」における個と集団との関係性について言及しました。

　これらの意見をふまえ、文言は修正され、「セット版」では次のようにまとめられました。「治療的養育の提供や家族問題への支援は、子どもや家族の個々の支援ニーズに基づいて行われる、極めて個別性の高いものであり、集団力動に過度に依存した養育や、個別的関係性を軽視した養育は不適切である。従来のルールによる集団管理に依拠してきた生活のあり方も根本的に改めて、子どもと、生活支援を担う養育者（ケアワーカー等）との関係性に基づく生活の展開を図る必要がある。」（傍線部遠藤）

　問題となるのは、これまで議論されていなかった内容が突然挿入されていること、その内容が養問研の提示してきた養護論を正当に評価するものではなかったことです。

　前者については、検討会における議論の積み重ねが正当に反映されていないことを示しており、このような手法が認められるのであれば、その他の「ビジョン」全文についても、議論が正当に反映されているのかという疑念が湧きます。後者については、積集団主義養護論を曲解し、あたかも個の尊重を怠った養護論かのように評価し、管理的な養護と混同して議論しようとしているという問題です。管理的な養護による子どもの権利の否定状況は、国連指針においても認められない問題であり、被措置児童等虐待などの問題でもあります。残念ながら今日の日本において子どもの主体性を尊重しない管理的な養護が行われている実態があるのは否めません。それは、養問研としても否定しているあり方です。

　集団主義養護論を提唱した積惟勝は、集団の形成にあたって、個の尊重を重視しており、その提案する養護原理において、「個と集団との統一的原理」として示してきました。積は、「どんな子どもにも『人権』がある」「どんな子どもにもその子としての『人生』がある」「その子にも教育的『可能性』がある」という子ども観に立ち、「施設の主人公は子どもたちである」とします。また、「情緒が安定する憩いの場としての施設で」「不利益には黙っていない」（意見表明できる）、「はだかになって本当のことを言う」（感じたことが承認される）などを大切にし、「短所から長所に通ずる可能性を発見し、集団が支え育てる。個性的な面を集団で支え励ます」など、子ども同士、子どもと職員との関係においても個の尊重を大切にしています。

　また、積の示した「養護原理」には、そのほかにも①体罰を禁止し、1960年代から高校進学保障を進めるなどの実践をふまえた「人権（教育と福祉の権利）尊重の原理」、②「『家庭』ということばの持つあたたかな優しいイメージ」ではなく現実の「家庭」の厳しさを直視したうえで、施設には「自由な雰囲気と憩いの場」としての役割が求められるとした「情緒安定性の原理」、③「『家庭か』『施設か』という二者択一ではなく」、親も家族も施設との協力の中でともに育ちあうことが重要とする「子どもと親・家族との関係調整の原理」、④施設開放や地域社会との交流を通じて「参加する人間」を育て、施設を巣立った後の社会への参加を主体的に進められるようにするためにも、施設で暮らしているときから日常的に地域社会、子どもたちとの交わりを深め、交流・参加の力量を求める「社会参加の原理」が含まれています。これらの考え方は、この間その重要性が社会的に認識されてきた内容であり、まだ児童養護施設業界で「子どもの権利」保障の考え方が定着していなかった少なくとも40年前に示されていたものです。実に先見性のある実践論であり、今なお生きる実践論です（詳細は、全国児童養護問題研究会日本の児童養護と養問研半世紀の歩み編纂委員会編『日本の児童養護と養問研半世紀の歩み　未来の夢語れば』福村出版参照）。

　養問研としては、１９９６年大会において「養問研のしせい」を決定、会の性格を集団主義養護論だけに依拠することなく、幅広く関係諸科学や実践に学ぶ民主的研究運動団体として位置づけています。

4. 施設養護の課題

　養問研の「意見表明」に対して、文中の『現にそこで働いている職員やこれから施設養護の世界に入ろうとしている学生にとっても、その仕事に対する自信や誇り、見通しを築くために「良好な家庭的環境」の具体的な姿を示す必要がある』という指摘が重要で、『良好な家庭的環境』とは何かについて、養問研は指摘しているのに、（検討会や国に）伝わっていない」とする声も受けています。養問研の主張を正しく伝えていく必要があります。

　子どもにとって安心できる環境について、養問研では、数年にわたり大会基調報告で取り上げました。

　施設において確保されるべき「親和的な安心できる環境」は、家族再統合に向けたモデルとしての「家庭的環境」でもあります。また、予防的支援の強化とそれに果たす「社会的養護」の役割を考えると、施設所在地域の家庭に果たす役割も期待されます。

　各施設の「運営指針」や「里親養育指針」には、その「社会的養護の原理」項目の中に、「あたりまえ」の生活を目指すと指摘されます。「あたりまえ」の生活とは何か、考える必要があります。

　「ただいま」と帰ってすぐ個室に閉じこもって、出てこない、唯一安心できる「おふとぅん」の中ですごすことが「あたりまえ」な生活だと、私たちは想定しません。社会が人々を孤立させる方向に進むとき、それを問い直す実践が必要です。

　「里親」や「ファミリーホーム」は、いわゆる「家庭養護」、つまりすでにそこにある「里親家庭」「ファミリーホーム」家庭に、子どもを受け入れる養護です。「すでにそこにある里親さんたちの生活」を「あたりまえ」の生活として、子どもたちになじんでもらうことを前提とする養護です。「里親さんたちの生活」になじむことによって、困難を抱えていた「以前」の「あたりまえ」を脱していくものです。

「あたりまえ」の生活を作り出すというとき、施設には「里親」家庭のように「あたりまえ」の生活があるわけではありません。また、「施設」で働く職員には、それぞれが育ってきた「あたりまえ」の生活があります。多様な「あたりまえ」の生活と、「施設」であることに影響される条件から、「施設」の「生活」「環境」を作り出すことが求められます。

　「子どもが安心できる親和的な環境」（山辺朗子）が、施設に求められる「生活」の「環境」であり、①「『のんびり』『楽しく、気楽に』『くつろいだ』『たんたんと』と表現されるような流れ、空間、関係、雰囲気の保障」、②「その人の価値観による判断を第一義的な基準とする、『その人らしい』ものの考え方や見方を発揮できるような自由の保障」、③「こうした自由で楽しく、気兼ねなく、かつ個らしさが尊重される人間関係、暮らしそのものの集団、仲間の保障」、④「具体的な援助方法は、全体として、子どもたちが自覚的にするように、援助する側にとっては、言いたいけれども待つ、目を話さないようにしつつも口と手を出さない」という援助を行う場（峰島厚）です。

　それは、「職員の酷使と子どもたちの我慢」によって成り立つものではありません。のびやかな職員のゆとりと見通しのある実践のなかで、子どもたちの声や気持ちが尊重され、生活の主人公として暮らすことのできる安心できる環境です。

改めて、これからの「社会的養護」を考えるとき、子どもたちの多様なニーズ（必要と要求）に応えることのできる多様な「社会的養護」の場（受け皿）が求められます。これまでも施設種別や形態等多様な場は準備されてきています。ただ、「多様なニーズに応える多様な受け皿」は、従来あったものをそのまま継続することを意味しません。多様な「受け皿」には、「真に子どもの人権や成長を保障できるもの」「受け皿同士が常に連携できるシステムを作ること」が不可欠です。部屋に外から鍵をかけるなど行動制限をしたり、不必要な薬を多用したりする「社会的養護」や、孤立して自己流の育て方をしている「社会的養護」、自立支援やアフターケアをしない「社会的養護」、夜間体制が手薄で安全が確保できない「社会的養護」などを増やしても子どもたちの多様なニーズに応える安定した環境にはなりえません。子どもたちの多様なニーズに応え、一人ひとりを大切にできる、子どもの人生に寄り添える「質の高い」多様な受け皿が必要です。そしてそれは、公的に保障されなければなりません。

私たちは、子どもの権利保障を進める「育ちあう養護」を求めてきました。その「育ちあう養護」の創造は、これからのあり方でもあります。それは、子どもの人生の見通し（時間的な流れ）と見渡し（空間的な広がり）の中で子どもの権利保障を実現します。それを可能にするために、職員（支援者）の権利保障を統一的に実現することも同時に求めます。

(1) 子どもの権利保障の風土の蓄積・継承

子どもの人権を尊重する養護実践とは何かを問い、実践します。子どもたちは過酷な人生を生き抜いてきた存在であり、職員にとって思いもよらない経験を積み重ねてきた存在です。子どもの人生を対話や観察等によって知り、尊重し、その経験を正当に受け止めます。虐げられてきたことによる傷を和らげ、明日への力をはぐくみます。子どもたちは、一人ひとりもっている名前を大切にされ、差別をされません。生きることが日々の衣食住の繰り返しのなかで十分に認められます。学ぶこと・遊ぶこと・休むことが日々の生活を通じて十分に認められます。

子どもたちが暴力的な関係の中で育ってきた生育史があるとすれば、施設等においてもまず暴力的な関係で他者と関わろうとすることは、当然予測されることであり、自分がおかれてきた環境での人との関わり方をまっとうに学んできた結果です（学んできた内容は問題だが、学ぶ力はある！）。大切なことは、そこから暴力を否定し、暴力が認められない環境の心地よさを知り、そうした環境に自ら参加し、自ら作り出していく力を育むことです。暴力が起きたとき、支配・被支配関係がみられるとき、その事実を確認し、背景を分析し、子どもたちの声を聴きながら話し合いで解決することが求められます。

養問研は、「児童養護の実践指針」（1997年）を示しています。子どもの権利条約採択による改訂を加えてきたものです。

(2) 個と集団との育ちあいの尊重

個と集団の育ちあいによって、集団の中の安心感を育むことが求められます。それは、子どもたちが「生活の主人公」として育っていくことと一致します。

小規模な生活単位の集団（8人まで）であっても、もう少し大きい生活単位集団であっても、個と集団の育ちあいは必要です。そして、小学生会、中学生会、高校生会、部屋会議など子どもも集団の多様な関係の急がない押しつけないゆるやかな活動がおとなの手助けを得つつ子どもたちの手で行われることは、「生活の主人公」として社会に参画していくステップをのぼることにつながります。

養問研が提案した「児童養護実践指針」に示された様々な原則と具体的指針があるなかで、「個と集団との統一的原理」の今日的理解が求められます。「個」化・孤立と「個別化」を区別してとらえる必要があります。また、「個別化」と「集団づくり」関係づくりは矛盾しません。子ども集団づくり、関係性づくり＝育ちあいが課題となります。

1対1も大切であるし、集団の中の安心感も大切です。個性をもっているその子を尊重します。できあがった集団に入れるのではなく、新しく子どもが入ってくるたびに、集団が変わっていくもの、どうしたら気持ちの良い安心できる環境ができるのか、話しあう「プロセスが大切」です。

被虐待体験をもち、様々な課題を抱えて入所してきた子どもが、新たな環境で生活していくことは、簡単なことではありません。一人ひとりをしっかりととらえ、向き合いその生き方を伝えることは、まさに格闘です。一人ひとりとしっかり向き合うだけでなく、共に生活する子どもたち集団が育つことによって、子どもたち集団が、困っている一人の子どもを育てます。施設職員による気持ちの受け止めや話し合いによる問題の整理だけでなく、同じ課題を乗り越えてきた子どもたちの支えや理解の力によって、試行錯誤を繰り返しながら、自分の課題に気づき、成長していく事例を、私たちは数々経験してきました。重篤な課題を抱え、ひとりぼっちで生き抜いてきた子どもだからこそ、その子どもをすっぽりと受け止め、導くおとなと、同じような経験をして生き抜いている子どもたちの存在が大きな力として働くのです。

人は人々のなかで生きていく、そのことの経験を常日頃から重ねていくことによって、未来を生きる力や仲間を得ます。

(3) 長期的で広範囲な自立支援、経験の蓄積による強みの発揮

施設で暮らす子どもたちのニーズ（必要と要求）にあった自立支援が求められます。

武藤素明の指摘するように、「三層（高能力を発揮できる児童・18歳就職児童・さまざまな福祉医療支援が必要な児童）にわたる」子どもたちに対するきめ細やかな仕組み（制度）と支援（実践）です。

その中のひとつ、上級学校への進学という進路があります。現在、高校等進学率は、全国平均98・5％（2011年）に対し、ひとり親家庭93・9％、生活保護世帯89・5％、児童養護施設95・7％。一方で、大学等進学率では、児童養護施設はひとり親家庭や生活保護世帯より10ポイント以上低位な状態、専修学校等進学率でも低位です。

養問研では1970年代末から高校進学保障に取り組み、子どもたちの努力、職員の支援によって成果をあげてきましたが、高等教育保障の点では、まだ十分とはいえない状況があります。子どもたちの自立を促す観点からの取り組みが必要です。

その自立支援は、入所当初から、子どもの状況をふまえ、見通しをもって取り組むことが重要です。発達段階・学校段階、生活環境へのなじみ方にあった自立を支援することが求められ、それらは、「自立支援計画」として、長期・中期・短期など一定の見通しをもって策定され、職員集団で共有されるものです。

思春期・青年期を迎え、社会的自立の準備が求められる時期にあっては、特別な養護課題が生じます（青年期養護）。施設では、インケア、リービングケア、アフターケアの3段階での取り組みが求められます。

(4)「子どもが育つ地域」の拠点（親和的環境・居場所）としての専門的高機能な対応（虐待・地域の子ども支援）とつながり

親子分離が子どもに与える影響は大きいものです。「自分が悪い」と自分を責める子、離れている寂しさ辛さから親を慕い求め続ける子、あるいは逆にムリをして親を否定・拒絶する子がいます。だが、子どもたちがそれまでの家から離れて施設入所するとき、喪失するものは親や家族だけではありません。施設入所は、子どもたちが生きてきた学校や地域の変更を余儀なくします。子どもへの影響を和らげるために

「子どもが育つ地域」の施設になることが求められます。

強みのひとつとして、施設としての集団的力量があります。児童養護施設は、保育士・児童指導員に加えて心理専門職・看護師・(医師)・被虐待(個別)対応職員・家族関係調整職員等さまざまな専門職が配置される施設です。そのチームワーク労働による成果は、日々築き上げられてきています。

もうひとつの強みは、24時間、365日、何十年と対応できることです。時とともにたとえ人が変わっても、同じ理念をもつ人たちがそこにおり、特色ある風土のなかで子どもの環境を作っている強み、人の育つ場がそこにあり続ける強みが、施設にはあります。

「社会的養護」施設、特に地域に開かれた児童養護施設のあり方として、大阪釜ヶ崎の「こどもの里」のようなあり方もあります。①地域の子どもたちが放課後を過ごす場(学童保育:1F)、②通常そこで過ごす子どもたちが家庭の事情で緊急に避難場所を求めている場合、一時保護的な役割を果たす機能(一時保護:2F)、さらには、③家族分離が必要な場合には、そこでケアをするという形(社会的養護:3F)、いわゆるイメージとしての3階建て「社会的養護」です。施設機能として、地域の子ども・子育て支援、一時保護・救済支援、家族分離・再統合支援という3層があり、それらを共同子育ての視点が貫きます。

貧困家庭の多い地域で子ども支援に取り組む団体によれば、児童養護施設は衣食住が(適切に)一定確保されており、さまざまな経験を積むことも可能だととらえられています。貧困家庭の多い地域の子どもたちは、その団体の活動がなければ、そうした経験が持てないままです。私たちが「子どもが育つ地域」の拠点としての専門的高機能な対応を行い、地域の中でさまざまなつながりを作ることは、地域の子ども支援に直接的な役割を果たすことにもなります。制度的に施設養護の内容と方法、基準を充実・底上げすることは、措置費制度=生存権保障の底上げにつながり、生存権保障の底上げは、地域の貧困家庭の子どもたちの支援の充実につながることになります。

それぞれの施設が、地域のなかでできることに取り組むことが急がれます。

(5) 施設従事者(支援者)の集団的力量・チームワーク労働による継続性・一貫性ある養護

職員養成と施設職員(支援者)が安心安定して子どもに関わること(働くこと)ができる環境(条件)づくりが、引き続き求められます。子どもの権利保障のためにそれらが必要であることは、養護実践の歴史が証明し、その統一的保障の成果が実践者の確信と自信を生み出しているからです。

保育所保育士不足も顕著ですが、施設現場でも、児童指導員・保育士の確保・定着の困難は年を経るごとに深刻化しています。児童養護施設の場合、子どもがいる時間帯を複数勤務にすると、1対1配置が求められるという指摘もあり、現状約1万6600人の職員に対し、子ども数約2万6000人としても少なくとも1万人不足しています。

「社会的養護」に携わる職員(支援者)は、施設実習を大きなチャンスとしてとらえ、実習で学生にその魅力を伝えることが、より強く求められます。ソーシャルワーク機能の一層の強化が求められるとすれば、社会福祉士実習の役割は大きく、遊びや文化活動の充実の必要性からすれば、保育士保育実習(施設実習)の役割も大きくなります。実習の可能性と課題を見据えて取り組む必要があります。

「児童指導員および保育士の夜間を含む業務を行う困難さを評価するとともに、研修実績と職務分野別のリーダー的業務内容や支援部門を統括する業務内容を評価した処遇改善を行う」ことが進められています。研修会参加による「処遇改善」が進められていますが、学習者が客体として学ぶ学習形式にとどまらず、現場が抱えている具体的困難を取り上げ、その実践のあり方を主体的に検討できるような学習機会が旺盛に組織的に展開されることが必要です。

施設の集団的力量を大きく伸ばすこと、チームワーク労働による継続性・一貫性ある養護づくりが求められています。子どもの権利保障は、職員の権利保障と統一して進められることによってかないます（職員の笑顔は子どもの笑顔を生み出します）。

おわりに

地域社会のなかで、子どもたちの家族とのつながりが断ち切れ、ゆがむ状況、子ども同士のつながりのゆがみ・断絶が進んでいます。影響を集中的に受けてきた子どもたちが「社会的養護」の子どもたちになっていきます。

今、求められるのは、公的責任に基づく、子どもの権利保障のための「育ちあいの養護」の創造です。

望月彰は、「施設形態における小規模化や家庭養護、家庭的養護の推進は、家庭環境を奪われた子どもの権利保障に関わる国連子どもの権利条約や国連指針からみて、歴史的・必然的な流れであると言わざるを得ない。」としつつ、「養問研の半世紀に及ぶ実践研究を通して、子どもの『最善の利益』を志向する実践の基本理念は『育ちあい』にあることが確かめられてきた」と指摘しました。

「『育ちあい』は、直接的には、集団生活を通しての『子ども同士の育ちあい』に他ならないが、子どもを指導・援助する立場から民主的な共同討議に基づいて援助計画を立案・実践・検証していくことを通して実現する『職員同士の育ちあい』、その職員が子どもと関わることを通して実現する『子どもと職員の育ちあい』、および、子どもが復帰すべき家庭を支援することを通して実現する『親と子どもの育ちあい』である。さらに、学校や児相、保健・療育機関、民生委員、近隣住民など、子どもや職員が地域の関係機関・団体・住民との連携や関わりをとおして実現する『地域における育ちあい』である。」（望月彰「家庭環境を奪われた子どもの権利保障と実践指針」養問研前掲書）

「育ちあい」と集団づくりを大切にする養護実践は、伝えあい、わかちあい、まなびあう養護実践であり、一人ひとりの子どもを大切にする養護実践と統一的に行われるものであり、子どもの権利を保障するものとして、今、強く求められています。

■注

（1）「4施設養護の課題」について2016・17年基調報告から抜粋・加筆修正。

（2）第16回新たな社会的養育の在り方に関する検討会議事録

＊

遠藤由美（えんどう・ゆみ）◉日本福祉大学子ども発達学部教授、養問研調査研究部。研究テーマ「子どもとおとなが育つ教育福祉」著書・論文等「戦後日本の養護施設の系譜」『児童福祉法研究』第10号（児童福祉法研究会編）、「教育と福祉の権利の展開」『子どもの権利研究』7（子どもの権利条約総合研究所編、日本評論社）、「集団主義養護論と養問研の理念・思想」『日本の児童養護と養問研半世紀の歩み』（全国児童養護問題研究会編、福村出版）等。

■クローズアップ（関連資料）

「新しい社会的養育ビジョン」に対する意見——

子どもたちと支援者の現実から出発した「子どもが主人公」「個と集団の育ちあい」の観点にたつ制度改革を求めます

全国児童養護問題研究会（2017年9月4日提出）

はじめに

全国児童養護問題研究会（養問研）は、社会的養護とりわけ施設養護の領域で働く職員や研究者を中心に、1972年の発足以来〝未来をになう子どもたちに　仲間とつくろう豊かな実践を〟をテーマに掲げて実践研究運動を進めてきました。その中で、「子どもの福祉と教育の統一」「個と集団の育ちあい」「子どもが主人公の生活づくり」を、豊かな実践のための基本原則として確認してきました。

1989年11月の国連総会で子どもの権利条約が採択されてからは、その基本理念である「子どもの最善の利益」「子どもの意見表明権」を最大限に考慮する実践、施設のあり方を探求してきました。日本が子どもの権利条約批准への道を進む時期と並行して、養問研は『児童養護の実践指針』を策定し、権利条約を児童養護に浸透させる活動を進めてきました。実践指針では、児童養護の仕事を、「人間としての共通の権利である『基本的人権』と『子どもとしての権利』を十分保障されていない」子どもたち（要養護児童）に対して、高い専門性に基づき、「社会的・公的責任において権利を保障する活動」であることを指摘しています。

2016年6月に改正された児童福祉法において、総則第1条に子どもの権利条約が明記され、その理念が子どもに関するあらゆる法令の原理として位置づけられたことは、本研究会がめざす方向とも合致するものです。社会的養護とりわけ施設養護の領域においても、改めて、子どもの権利保障を基盤とする実践が求められます。

一方、児童虐待の相談受理件数が12万件を超えるなど、子どもの権利侵害の状況は深刻化しており、犠牲になった子どもの心身の回復や自立支援を含めて社会的養護の体制整備、実践の充実はますます重要な課題となっています。しかし、社会的養護をめぐる状況は、子どもが抱える課題の困難さ、支援の担い手である里親や施設職員の確保をはじめ、極めて厳しい現実に直面しています。

そのような状況の中、厚生労働省「新たな社会的養育の在り方に関する検討会」は2017年8月2日「新しい社会的養育ビジョン」（以下、「ビジョン」）をとりまとめました。養問研は、「ビジョン」が示す全体像が子どもの権利を基礎にしていることには賛同するものの、まさにその子どもの権利の観点から見て、また今後の日本の児童福祉とりわけ社会的養護のあり方に対する影響と責任の観点から見て看過できない問題があると考え、次のような意見を表明するものです。

1．子どもが望む家族との距離感を保ちながらその自立を支援するためには、養子縁組・里親か施設かの二者択一ではなく、子どもの権利を守る社会的養護の多様な選択肢が必要です。

2．里親委託の拡充については、国際的なフォスターケア・ドリフト問題、日本の里親委託解除・措置変更の多さ、被措置児童等虐待発現率などの現状に立脚した現実的な改革の実施を求めます。

3. 施設養護において「良好な家庭的環境」を実現するために、子どもを主人公とする施設運営、「個と集団の育ちあい」の観点による実践を可能にする設備運営基準の改善が不可欠です。

4. 今後の乳児院・里親とフォスタリング機関・児童相談所の関連が不鮮明です。

5. 地域で子どもが育つ「共育て」の観点をもつ地域づくりが必要です。

1. 子どもの権利を守る「社会的養護」の多様な選択肢が必要です

児童福祉法第3条の2は、子どもの養育について国・地方公共団体の責任を明記しています。それは、第一に、子どもが家庭において健やかに養育されるよう保護者を支援すること、第二に、「児童を家庭において養育することが困難でありまたは適当でない場合にあっては、児童が家庭における養育環境と同様の養育環境において継続的に養育される」こと、そして第三に、それも適当でない場合にあっては、「児童ができる限り良好な家庭的環境において養育される」ことを保障するための「必要な措置」をとることです。今回の「在り方検討会」においては、この「良好な家庭的環境」についてどのような具体像を示し、計画化するかが、ひとつの大きな課題となっていました。しかし、「ビジョン」に示された方向性は、「養子縁組」の強化とともに、「里親」か「施設」かを二者択一でとらえ、「里親」を性急に増大させる計画を示しています。

「ビジョン」は、「永続的解決」が重要であるとし、その「解決」のあり方として、実親家庭への復帰と特別養子縁組など新たな家庭環境の提供を提示しています。さらに実親家庭への復帰か、特別養子縁組かを決するまでの期間のめやすを3年以内とし、それまで暫定的に入所する施設での在所期間を最大でも3年とする方針を示しました。これらは、子どもの最善の利益の原則や子どもと実親そして施設による支援の実態からすると、一面的な方針と言わざるを得ません。

児童福祉法や子どもの権利条約は、子どもにとって家庭が最も自然な生育環境であること、また国は家庭が子どもにとって良い養育環境となるよう家庭を支援する責任があることを謳っています。したがって国は、さまざまな困難を抱える家庭に対して、その困難を軽減・解消しながら「家庭養育」を進めることができるような支援をする責任があります。その基本は、地域子育て支援策の充実・強化です。それにもかかわらず、子どもの最善の利益のためには家族分離もやむを得ない場合もあります。その場合には、施設等の専門性を生かした家族関係調整を行うことによって、家族の関係を適切な距離感で保ちつつ再構成することが求められます。その場合にも、施設等の役割として、子どもの自立までの長い見通しをたてながら、家族の生活基盤である地域において子育ち・子育て・親育ちを進めることが求められます。一度家族分離した場合の子どもと親との関係や、社会的養護の施設・里親等と家族との関係は、一律に期間を限定して取り組めるものではありません。性急な支援には、そのしわよせが親、そして何よりも子どもに起こり、結果として子どもの権利侵害となります。

養問研は、子どもの権利を基盤に、子どもたちが安定した安全な環境のなかで安心し自立していける「社会的養護」を追求するとともに、より広く、地域において親たちが安心して子育てに取り組める「社会的養育」への貢献を追求しています。虐待を受けた子ども、障害のある子ども、またそれぞれに固有の生育歴や発達課題をもち、その育ちに際して多様なニーズをもつ子どもたちのためには、多様な「育ちの場」があるべきです。実親家庭養育か社会的養護か、社会的養護の中でも里親か施設かといった単純な二者択一ではなく、子どもが望む、子どものニーズと社会的養育・養護の実態にそくした制度改革と実践の展開が求められると考えます。

2. 里親委託の拡充については、国際的なフォスターケア・ドリフト問題、日本の里親委託解除・措置変更の多さ、被措置児童等虐待発現率などの現状に立脚した現実的な改革の実施を求めます

「ビジョン」は、家庭養育の実現と永続的解決（パーマネンシー保障）、施設の抜本的改革の重要性を提言しています。その前提には、日本の社会的養育は「施設偏重」であり、家庭養育支援や里親委託を基本としている諸外国から遅れているとの認識が読み取れます。確かに、日本の社会的養護のうち、乳児院・児童養護施設の入所児童は約3万人、里親委託児童は約5000人で、その比率から見れば施設養護が圧倒的に多いといえます。また、家庭養育支援の基本的な制度である児童手当、児童扶養手当

や育児休業制度等、あるいは保育所の条件整備等については、確かに日本は先進諸国の中で極めて遅れた状況にあります。

しかしながら、社会的養護の形態に関して、日本の社会的養育が「施設偏重」であるかどうかは、単純に断定できない事実があります。たとえば近年における「社会的養護」全体に占める親族委託の割合を見てみると、イギリス約17％、アイルランド約33％、アメリカ約25％、オーストラリア約35％、ニュージーランド約75％などに対して、日本は約1％です。日本は、親族里親が極めて少ないことになっています（出典：林浩康「外国における親族里親の評価と日本への示唆」日本社会福祉学会　第58回秋季大会・自由研究発表、２０１０年9月）。その背景には、実父母による養育が困難となった場合の親族による養育が、諸外国では社会的養護としての親族里親に位置づけられているのに対して、日本では私的な活動として行われていることが多いためです。親族による私的な代替養育を社会的養護としての親族里親に組み入れるだけで、日本の里親委託率は1％という数値をはるかに上回るはずです。実父母による養育が困難な場合、親族がその子どもの養育にあたることは重要な選択肢としてあり得ることです。そのさい親族が、里親として子どもの権利についての研修も受けた上で、養育に関する相談援助あるいは委託費を受けながら責任を持って子どもの養育にあたることは、家庭養育重視、パーマネンシー保障の理念から見ればもっと強調されるべきであるといえます。「ビジョン」にはその観点が欠落していると言わざるを得ません。

「ビジョン」は、２０１６年の改正児童福祉法が「家庭養育優先の理念を規定し、実親による養育が困難であれば、特別養子縁組による永続的解決（パーマネンシー保障）や里親による養育を推進することを明確にした」として、社会的養護の骨格としては里親委託を重視する体系への転換を打ち出しています。そのために、フォスタリング機関の創設をはじめ里親への包括的支援体制の確立を「最大のスピードで実現」することを提案しています。さらに、里親委託率を「3歳未満は概ね5年以内に、就学前児童は概ね7年以内に75％以上」「学童期以降は10年以内をめどに50％以上」にするという数値目標を掲げ、「就学前の子どもは、原則として施設への新規入所停止」という提案をしています。

その一方、里親制度の現状として改善すべき課題を羅列し、「現在の里親制度は、いわゆる里親不調や未委託里親の問題が指摘されており、根本的な改善策が必要である」とも述べています。実際、厚生労働省福祉行政報告例から「養育里親・親族里親の委託解除理由」（２０１3年度～２０１5年度）を見ると、家庭復帰が3割、養子縁組により18歳満年齢で委託解除が2割のところ、17歳以下での途中解除と措置変更が5割となっています。それに対して児童養護施設入所児童については、家庭復帰が5割、高卒まで施設で暮らし退所後就職・進学した者を合わせると8割が措置変更や途中退所なく継続した生活を送っています。つまり、相対的には里親委託が必ずしも安定的・継続的な生活を保障しているとはいえない現実があります。課題が山積していることを承知のうえで里親委託率の大幅かつ急速な増加を数値目標として掲げることは、あまりにも非現実的であり、実態に反しているといわざるを得ません。

もちろん、里親委託率の増加をめざすことは、子どもの権利条約に基づく国連子どもの権利委員会の日本審査においてその最終所見で勧告されていることでもあり、日本政府として誠実かつ計画的に遂行していく責務を有しています。そのさい、里親委託をめぐる次のような問題に十分に配慮し、その解決のための手立ても同時に提案する必要があります。

（1）フォスターケア・ドリフト問題

里親中心の社会的養護の国では、イン・ケア中に何度も里親を変更されるフォスターケア・ドリフトが問題となっています（出典：２０１5年度第41回資生堂児童福祉海外研修報告書　カナダ児童福祉レポート）。生活の場が転々と変わるために、安定した家庭的環境や教育が保障されず、里親の利点である愛着関係の形成がむしろ阻害されることになります。カナダでは、里親家庭から自立した若者の中に、定職に就けない者やホームレスになる者が少なくないなどの課題が指摘されています（出典：同前）。また、東京都の児童養護施設とアメリカの里親経験者を教育、就職、ホームレス、逮捕歴などで比較すると、アメリカの里親経験者の方が不利・不安定な状況におかれています（出典：東京都社会福祉協議会児童部会リービングケア委員会「児童養護施設退所者についての調査」、ＩＦＣＡ『アメリカのフォスターケア「社会的養護」を知るためのブックレット』児童虐待防止全国ネットワーク『東日本大震災を生き延びた子どもたちをいかにケアするか』）。

（2）里親委託解除・措置変更の多さ

福祉行政報告例によれば、日本でも里親委託された子どもの5割は、18歳になるまでに委託解除や措置変更になっています。そのような子どもの多くは、安定的・継続的な養育を断ち切られ、生活の場を変更され、心を傷つけられていることが想定されます。一方、児童養護施設における措置解除・措置変更は、里親委託、母子生活支援施設・障害児施設などへの措置変更含めて約3割です。18歳を過ぎて措置解除され、家庭復帰したケースについても、里親は5割、児童養護施設は8割です。安定的・継続的な養育を受ける権利は、要養護児童にこそ保障されなければなりません。その意味で、単に施設養護を減らし、里親委託を増やせばよいということにはならない現実があります。

（3）被措置児童等虐待

厚生労働省調査によれば、被措置児童等虐待の発生率は、里親のほうが施設よりも高い結果が出ています。また、毎年のように「死亡委託解除」例もみられます。里親が思いもよらなかった養育の困難を抱え、虐待を含む不適切なかかわりにつながっている現実があることを示しています。その要因として、里親登録者の多くが、社会的養護の担い手を自覚して子どもの権利についての研修等も受け、専門的資質向上のための研鑽をしているわけではなく、実態としては、個人的なニーズや善意・努力に基づき、養子縁組を希望して養育にあたり、また奮闘していることが察せられます。

社会的養護を余儀なくされた子どもが、18歳になるまでの子ども期に何度も委託解除や措置変更を強いられること、さらに、そこでまた虐待を経験することになるとすれば、二重三重の権利侵害に他なりません。社会的養護の制度設計として、そのようなことがないように十分な配慮をしなければなりません。

「ビジョン」は、上の（1）から（3）の問題について正面から論じていません。少なくとも、これらの問題について抜本的な改善を図ることなく、そもそも里親確保の具体策や被虐待児・病虚弱児など専門的ケアを要する子どもを養育する場合の里親支援策を欠いたまま機械的に里親委託率を引き上げようとすれば、（1）から（3）の状況が量的に拡大されることが懸念されます。これは子どもの重大な権利侵害の拡大となります。

3．施設養護において「良好な家庭的環境」を実現するために、子どもを主人公とする施設運営、「個と集団の育ちあい」の観点による実践を可能にする設備運営基準の改善が不可欠です

「ビジョン」は、施設養護について、「従来の施設類型の在り方について見直」し、「ある程度以上のケアニーズの子どもを対象とし、小規模化（最大6人）・地域分散化を原則とし、少なくとも子どもが施設に存在する時間帯は常時複数のケアワーカーが配置される程度の措置費とすることを基礎とする」と提言しています。従来から設備運営基準の劣悪さが指摘されていたことから、その改善は不可欠であり、規模の問題だけでいえば小規模化を可能とするための設備運営基準の改善は望ましいことですが、子どもの生活単位として何人規模が適切かについては、慎重な検討が必要です。小規模化により人間関係の密度は高まります。それだけに、どのような大人（職員）とともに、どのような生活をどのようなプロセスでつくっていくのかということを、いっそう重要な課題として検討する必要があります。

生活集団の規模（子どもの人数）の問題に関しては、施設内虐待（被措置児童等虐待）の調査結果によると、子ども数の小さい生活単位と大きすぎる生活単位において施設内虐待の発生率が高いという結果がみられます（出典：黒田邦夫「『児童養護施設における児童の暴力問題に関する調査』の調査結果について」東京都社会福祉協議会児童部会『児童福祉研究』No.24、２００９年。遠藤由美「子どもの暴力問題を考える」『子どもと福祉』Vol.4、２０１１年）。また、特に施設内虐待を防止するための手立てともなる複数勤務の有効性については、厚生労働省の被措置児童等虐待調査結果から、職員の複数勤務を確保するだけでは十分な解決につながらないことが示されています。施設内虐待防止のためには、職員の配置基準の改善とともにその専門性の確保が重要な課題であることはいうまでもありませんが、職員間の情報共有・チームワークの充実、施設運営の透明化・民主化など、運営面での改善をはかることも不可欠です。さらに、子どもが安心できる安全な環境で育つためには、施設形態にかかわらず、これまで社会的養護の場で蓄積されてきた「子どもの

権利ノート」の活用をはじめ、子どもを主人公とする生活の営みが求められます。

また「ビジョン」は、施設養育は「治療的養育を基本とすべき」であり、「治療的養育の提供や家族問題への支援」は「極めて個別性の高いものであ」るから、「子どもと、生活支援を担う養育者との関係性に基づく生活の展開を図る必要がある」と提言しています。しかし、施設養護においては、小規模化を徹底したとしても複数の子どもと大人（職員）が共同生活をしていくことになります。したがって、治療的養育（治療的養護）を進めるうえでも、特に子ども同士の適切な関係性の構築、個と集団の育ちあいの保障という原則の追求が不可欠です。個別的支援のみを強調し追求することは、けっして子どものウェルビーイングはもとより、生活の場である施設での豊かな人間関係づくり・育ちあいにつながらないといえます。

育ちあいは人間発達の基本でもあり、施設養護の小規模化や地域分散化のもとでも一貫して追求すべき原則ですが、大舎制の施設を含めて、いま全国で展開されている施設養護の場で、現に生活している子どもたち、そして当面そこで生活していくことになる子どもたちにも保障されるべきです。たんなる数値目標の達成をめざして小規模化や地域分散化を進めるとすれば、現に施設で生活している子どもの福祉を損なう恐れがあります。また、現にそこで働いている職員やこれから施設養護の世界に入ろうとしている学生にとっても、その仕事に対する自信や誇り、見通しを築くために、「良好な家庭的環境」の具体的な姿を示す必要があります。「ビジョン」は、そのような展望を示していないと言わざるを得ません。

4．今後の乳児院・里親とフォスタリング機関・児童相談所の関連が不鮮明です

「ビジョン」は、「乳幼児の家庭養育原則の徹底」として、「特に就学前の子どもは、家庭養育原則を実現するため、原則として施設への新規措置入所を停止する。」ことなど、今後の乳児院のあり方に関わる重要な提言をしています。たとえば、乳児院がフォスタリング機関を受託することによって、「里親と養育チームとして協働」「家庭維持等予防的介入」「市区町村の児童家庭支援拠点事業との連携」「特定妊婦の支援強化（親子ホームなど）」「養子縁組機関との連携強化、実施機関化」などです。

しかし、こうした施策を進めるための具体策は不明です。現在の乳児院では、入所児と実親との面会が頻繁に行われています。当然のことながら、乳児院がその窓口として調整を行いつつ、面会のたびに、入所児の日ごろの生活や生育の状況などを通して親との話し合いも行われ、早期家庭復帰の支援を行っています。「原則として施設への新規措置入所を停止」した場合、当該児童が生活していない施設で、どのような支援を行うのか、まったく別の機能を果たすことになるのか、その具体的な将来像が不明です。

また、現在乳児院では、薬物の影響のある子ども、モロー反射が強い子ども、からだの緊張が強い子ども、さまざまなアレルギーを持つ子どもなど、関わりに苦慮する子どもへのケアが多くなっており、細心の注意を払いながら保育士、医師、看護師、栄養士などがそれぞれの専門性を活かしてチームとしてケアに取り組んでいます。業務は緊張を要しますが、施設養護であるからこそ、職員は勤務時間外に緊張から解放される時間を確保することもでき、継続的な養育も保障されています。ビジョンは、「医療ケアの必要な子どもや行動障害のある子ども」を対象に「里親養育の職業化」を提案していますが、乳児院が行っているケアの現状から考えると相当な困難が予想されます。

さらに「ビジョン」は、「施設養護でなければ提供できないケア」として、特に乳幼児においては、「虐待された子どもや障害のある子どもに対するアセスメントや緊急一時保護等」が考えられるとしています。現在でも乳児院は緊急一時保護を受けることがありますが、その後の子どもの措置等は、児童相談所がアセスメントや判定会議等を通して行うシステムとなっています。乳児院がその役割を担うとすれば、児童相談所の役割との区別と関連をどうするのか不明確です。その他、措置による養育施設ではなくなるとしたらどのような施設になるのかなど、具体的なしくみや実現の見通しが不明確、不確実な要素が多分にあるにもかかわらず目標達成年度を掲げているところもあり、少なくとも乳児院に関しては、無謀としかいいようのない提言がなされていると言わざるを得ません。

5．地域で子どもが育つ「共育て」の観点をもつ地域づくりが必要です

「ビジョン」は、パーマネンシー保障のために、

「特別養子縁組は有力、有効な選択肢として考えるべきである」として、特別養子縁組を現状の500件から概ね5年以内に1000人以上の縁組を実施することを数値目標として提示しています。しかし、養子縁組、特別養子縁組後の子どもたちの中には、結局うまくいかずに施設入所に至るケースもあります。子どもが抱えている課題だけでなく、現代社会が抱える諸矛盾が、実親かそうでないかを問わず、子育てを困難にさせている現実があります。

養問研は、今後の社会的養護のあり方について、子どものウェルビーイングを保障する地域づくりの観点から、社会的養護をはじめとする社会的子育てシステム（社会的養育）全体の役割や機能を発展させる必要があると考えます。そのためには、「ビジョン」が提言する「市区町村の子ども家庭支援体制の構築」が不可欠であり、地域子育て支援センターや保育所における一般的な子育て支援機能を強化することに加え、高機能化された施設を地域子育て支援における専門的支援拠点に位置づけつつ、地域に開かれた施設づくりを進めていく取組が求められます。

そのような施設づくりの一環として、日常的に地域の子どもたちが気軽にやってくることのできる放課後スペース・児童館的な機能、児童家庭支援センターの拡充と絡めて家庭での養育が困難に陥った場合の一時保護やショートステイ機能をもつことができるよう、職員配置をはじめとする施設の運営基準や予算措置等の改善が具体的に提言されるべきです。たんに小規模な施設を地域分散化する視点だけでなく、地域住民・子どもたちの居場所、子育ち・子育て拠点の可能性もあわせもつ施設構想が必要です。地域の親子が安心して利用できる施設においてこそ、保護者は、子育てや生活の苦しみだけでなく、子育ての喜びを周りのおとなたちと共感し、エンパワメントされることができます。そのいとなみに施設職員が関わることは、職員自身にとっても専門職としての自覚や技能の向上につながります。社会的養護の将来像には、このような保護者や家族、地域住民との「共育て・共育ち」の視点が求められます。

また、社会的養護利用者に対する継続的支援としては、「ビジョン」が提言するように、ケア・リーバー（社会的養護経験者）など「当事者の参画と協働を原則」としつつ「代替養育の場における自律・自立のための養育、進路保障、地域生活における継続的な支援を推進する」ことが必要です。そのためには、当事者の権利擁護はもとより養護問題の再生産を防ぐためにも、セルフヘルプ・グループやシェルターをはじめ現在有志の善意や努力でボランタリーに取り組まれている活動の成果をふまえ、これを制度化し、安定的・継続的に支援活動ができるような体制整備を計画的に進めることが求められます。これらの具体的施策を進めることによって生活に困難を抱えている当事者の権利擁護を実現するとともに、さらなる養護問題の発生を防ぐために、ケア・リーバーに焦点を当てた、また、低所得層をはじめ勤労国民全体を視野に入れた雇用・所得保障など社会保障の充実も、前提として必要です。

なお、「ビジョン」は、「子どもの権利擁護」について、「児童相談所の決定に関して、児童福祉審議会が子ども本人、その代理人もしくはアドボケイト、要対協から申請を受けて子どもの権利が擁護されているかの審査に関し、モデル事業を行い、その仕組みを提示する」という提言をしています。「ビジョン」では社会的養護における子どもの権利擁護について司法を視野に入れた権利を奪われている子どもに対する権利救済や、子どもの出自に対する対応などの方向性について示されています。子どもの権利侵害や子どもの知る権利について、意見表明権や子どもの生存および発達に対する多岐にわたる権利の確保など、子ども自身を生活する主体者として捉え、子ども自身が主体者として育つことができるように、幅広い観点からその保障に取り組むことが求められています。

これまで児童養護施設や乳児院などの施設養護では、その施設で生活する子どもたちの生活づくりの一環として、子どもの権利保障実践に丁寧に取り組んできました。具体的な方法として、都道府県等が作成した「子どもの権利ノート」を児童福祉施設に入所する子どもに対して配付し活用するなど子ども自身が持つ権利について子どもに直接具体的に伝えることや、施設内で生活づくりについて子どもと職員がお互いに意見を出し合い生活のあり方を決めていくホーム会議（話しあい）の実施、子ども自身が施設における生活で苦情や意見を生じた際に相談することができる第三者委員への相談体制の構築などがあげられます。これらの取り組みは、子どもの真のニーズを受け止めつつ、子どもたち一人ひとりを生活する主人公（主体者）として位置づけ、発達段階にかかわらず自分の感じたこと、考えたこと（意見）を保障することや、子どもが日々の生活にさまざまな意見や希望を反映させることに繋がります。子どもの生活上にある子どもの多様な権利についての取り組みを展開している施設養護実践をふまえ、これらの取り組みがあらゆる「社会的養護」の場で実施・充実されるよう実践交流を進めるとともに、国・地方公共団体は、その取り組みを支えることが求められます。子どもの権利行使とおとなによる権利救済は、車の両輪のように勧められることが必要です。

また、子どもの権利侵害を考える際、必ずしも「社会的養護」のケアによってのみ生じるものではありません。ここでは、社会的養護におけるケアのあり方が子どもの権利を侵害した事態への対応を想定していると思われますが、生活者としての子どもの権利侵害は、必ずしも社会的養護のケアによってのみではありません。施設から通う学校において、いじめや体罰などによる権利侵害を受ける可能性もあります。したがって、「子どもの権利擁護」は縦割り行政を反映した形で行うものではなく、子どもの総合的な権利保障を可能とするしくみの中で実現させるべきです。その意味では、子どもの権利条例に基づき子どもの権利救済制度をもつ自治体が数多くあり、中には10年以上の経験をもつ自治体も少なくないことをふまえる必要があります。「社会的養護」の下にいる子どもたちからの権利救済相談も行われ、関係機関調査が実施されている事例も蓄積されています。先行実施されている子どもの権利救済制度の成果と課題に学ぶことを求めます。

おわりに

社会的養護の未来を方向付ける提案は、日本における社会的養護の歴史をふまえ、その現実から出発しなければ、的外れな提案になります。日本の社会的養護の目指すべき方向は、子どもの権利を基盤に、現実のさまざまな課題の解決をめざすとともに、これまでに蓄積されてきた施設養護や里親養育の実践的成果の上に作り上げるべきものです。「ビジョン」は、養護を必要とする子どもとその養育者との個別的な愛着関係の重要性を過度に強調しており、それぞれが他者との関わりあいの中で生活している現実、また、そこで育ちあっている現実とその重要性を過小評価していると言わざるを得ません。

社会的養護の実践の中で蓄積されてきた成果や課題については、改めてこれに携わっている多くの関係者が同じテーブルにつき、子どもの権利擁護のために協力して、一緒に、子どもの養育の方法論について議論することが大切です。

家庭養護でなければ愛着関係を築けないわけではありません。実践のあり方によっては施設養護でも愛着関係を築くことは十分に可能です。養問研の各地での例会や毎年の全国大会では、そのような実践が数多く報告されています。また、家庭養護だから子どもの権利が守られるとは限りません。実親による児童虐待の増加がそのことを何よりも証明しています。家庭養護でも施設養護でも、子育てに携わる人が、どのような子育てをするのか、お互いの利点を活用しながらシステムとしてどのように連携していくのかが重要ではないでしょうか。

個別支援の重要性はいうまでもありませんが、子ども集団が子どもの生活や発達に欠かせないことも明らかです。子どもの「育ちの場」として、特に家庭環境を奪われた子どもに対する公的・社会的な「育ちの場」を保障するシステムには、そこに子どもの権利を擁護する支援があるなら、いろいろな形があるのが自然であり、望ましいといえます。子育て不安が拡大し、児童虐待が増加しつつある中で、養子縁組か里親か施設養護かについて機械的に優先順位をつけたり、対立的にとらえるような議論をしている場合ではありません。今こそ、社会的養護に携わる者たち同士の協力が必要です。

養問研としては、社会的養護の目指すべき具体的な方向性は、「個と集団の育ちあい」などの原則を追究することであると考えます。また、国は、そのような実践や社会的養護の展開を可能とする職員（支援者）の増員およびその専門的・集団的力量を高めることのできるような設備運営基準の改善をはかるべきです。さらに、地域をベースに子どもの育ちや社会との関係に応じた縦横の切れ目のない支援を保障すべきであり、そのような観点から社会的養護・養育の将来像を改めて検討する必要があると考えます。

海外の社会福祉事情〈第7回〉

ドイツ：SOS子どもの村ベルリン

楢原真也

楢原真也（ならはら・しんや）◉児童養護施設子供の家、治療指導担当職員。大学院卒業後、児童養護施設で勤務。子どもの虹情報研修センター主任を経て、2015年より現職。臨床心理士、人間学博士。著書に『子ども虐待と治療的養育』（金剛出版、2015）、『ライフストーリーワーク入門』（編著、明石書店、2015）など。

はじめに

２０１７年９月に、資生堂児童福祉海外研修で、ドイツのベルリンに行く機会をいただいた。その詳細については、『２０１７年度第43回資生堂児童福祉海外研修報告書～ルーマニア・ドイツ児童福祉レポート～』を参照いただきたい。

ベルリンは、東西の分断を経験し、それを乗り越えてきた過去を持つ。負の遺産も含めてこれまでの歴史を大切にしていることがうかがえる古い建造物の数々と、近代的な町並みが融合した魅力的な国際都市であった。往来には、様々な人種や民族の方々が行き交っていた。

ベルリン中央駅は、宿泊していたホテルのすぐ近くにあったため、様々な視察先へのアクセスの拠点であり、何度も訪れることになった。２００６年のワールドカップに合わせて作られたというガラス張りの大きな建物のなかに、いくつかの路線とともに、フードコートや、お土産、本、洋服、薬などを売る様々な商業施設が並んでいた。日本食の専門店で、うどんを注文したが、出汁をとっていない味噌汁のなかに麺や沢庵《たくわん》などが浮かんでいるという、何とも不思議な料理だった。食後に、経営者は韓国の方であることを知った。

２週間の研修のなかで、ルーマニアとドイツの様々な機関を視察させていただいたが、本稿ではとりわけドイツの「SOS子どもの村ベルリン」を取り上げて報告したい。その理由としては、SOS子どもの村ベルリン（以下「SOSベルリン」）が、地域やホーム内の子ども・若者・家族に対して多様な支援メニューを提供する複合的な福祉サービス施設であり、今後、高機能化・多機能化が求められていくであろう、わが国の児童福祉施設にとって、参考になるところが大きいと考えられたからである。

ドイツの社会的養育の現状

ドイツにおいては、里親養育と施設養育の割合は半々程度であり、施設種別も様々な形態がある。過去には施設内虐待などの発覚などもあり、施設養育自体が批判に曝されたこともあったが、その後施設内虐待の調査や被害者への補償、施設機能の向上などに努めている。教育と福祉が一体化したソーシャルペダゴジーの考え方の影響もあり、施設を社会的養育の重要な資源として捉えている。

「ドイツ連邦 家族・高齢者・女性・青少年省 子ども・若者局」においては、「社会的養護において里親は重要な資源だが、量的にも質的にも施設の代わりになりえないと考えている。里親の全てが専門性の高いわけではないため、困難を抱えた子どもを預かるには限界もあり、理想的な状況ばかりではない。里親委託と施設入所のどちらがよいのかはケース次第である。国の課題として施設養育の質を向上させ、かつてのような不適切な状況が生じないように、①施設職員の教育の改善、②施設に対する監視機能と子どもに対する保護機能の強化、③建物を子どもに適した形に変えていくという3つの要素が大事だと考えている」という話があった。他の視察先でも、保護された年長児に「里親か施設か」と希望する措置先を尋ねると、多くの若者は施設のほうを選択する、という実情が語られており、多様な子どもたちを受け入れることができるよう、選択肢を用意しておくことの重要性を感じた。

SOS子どもの村と SOSベルリン

子どもと家族への支援を展開する国際NGO「SOS子どもの村」は、第二次世界大戦後のオーストリアではじまり、現在は世界各国で活動している。SOS子どもの村で子どもの養育を担うとともに、困難を抱える家族や子どもの支援を行っている。日本にも2010年に子どもの村福岡が、2014年には子どもの村東北が、開村している。

今回紹介する、SOSベルリンは2002年に設立された。ドイツは外国人労働者や難民・移民の受け入れに寛容な姿勢を示してきた背景がある。SOSベルリンでも安心して母国語で話ができるように、シリア人やトルコ人の心理士を配置するなど、難民・移民の子どもと、その家族に対する様々な支援が展開されていた。

SOSベルリンでは、ソーシャルペダゴーグ（社会教育士）、社会福祉士、エアツィーア（保育士）、心理士などの資格を持った90人のスタッフが仕事をしている。5階建ての瀟洒《しょうしゃ》な建物のなかに、地域支援を目的にしたカフェテリア、目的に応じた数々の部屋、保育所、SOSファミリーが暮らすフロアなど、多くの機能が詰まっている。

SOSベルリン外観

（1）地域支援

1階は吹き抜けになっていて、地域の人々が自由に利用できる明るく開放的なカフェテリアがある。階段を上がると、2・3階には目的や大きさの異なる部屋が並んでいる。関係団体が提供するヨガや気功などのプログラムを行う部屋や、親子で活動できる出会いの広場などがある。助産師が出産後間もない親への育児相談を行ったり、心理士などによる相談も提供している。こうした活動を通して母親同士のネットワークができることもあるし、カフェや広場で気になる親子がいれば、支援者から積極的に面接室に誘い、話を聞くこともある。

中庭を抜けたところにある離れの建物は、アトリエになっている。絵画教室や音楽教室

明るい雰囲気のカフェテリア

を行っており、誰でも通うことができる。子どもたちが描いた絵画は、施設内に飾られており、購入も可能であるという説明があった。難民の子どもたちが絵や作品を通して、過去の辛い出来事を表現することもあり、実際に事故場面が描かれた作品などもあった。

壁に飾られた絵画

心理療法や相談を行う部屋

（2）保育所

1・2階には、生後半年から就学前までの近隣の子どもたちが通う定員80名の保育所がある。6か月～1歳の子どもは所属クラスがあるが、2歳以上の子どもの所属クラスはない。ドイツでは小さい頃から子どもの自主性を尊重しており、基本的に子ども自身がやりたいことを選択することを大切にしている。子どもの出身地は20か国にも及び、子どもの民族・言語・文化的多様性のサポートに努めている。

（3）SOSファミリー

建物の4階と5階には、SOSファミリーが暮らしている。1つのSOSファミリーにはSOSムター（マザー）と呼ばれる養育者が1名と、保育士が2名おり、6人の子どもが生活している。青少年局（日本の児童相談所に似た機関）の依頼によって受け入れる。家庭復帰は目標のひとつではあるが、実際に家庭復帰に至るケースは少ないという。新たに措置された子どもたちのために、SOSでの生活を説明する冊子なども作成されており、丁寧なケアの一端がうかがえた。

親しみやすいイラストの子ども向け冊子

ホテル ロッシ SOS子どもの村

ドイツではデュアルシステムと呼ばれる制度によって、若年者に対する職業教育訓練と職業訓練校における理論教育を並行して行うことが定められている。しかし、施設で暮らす子どもたちの課題として、学習能力が低い、時間を守ることができない、決まった生活が送れない、学校を卒業していないなどの理由から、職業訓練の場が見つからなかったり、受け入れてもらえないことがあった。そのため、SOSドイツがイニシアチブをとって、2017年にホテルロッシを設立させた。ホテルロッシには、客室が28室と2つの会議室（うち一つは200名収容可能）、レストランやバーがある。

レストランで研修団員が食べたランチ

ホテルロッシの外観

課題を抱える子どもたちの職業訓練の場でもあり、一般企業で働くことが難しい若者を受け入れ、仕事や人間関係の構築の仕方を学び、社会参加と社会への統合を果たすことを目的としている。ホテルロッシ従業員の約40%がこうした若者たちである。仕事内容は主に、部屋の清掃、レストラン業務や事務職、会議や建物のサービスなどである。他の従業員と同様にホテルの大切な人材として認められており、仕事に誇りを持ち、自分に価値を感じることができるように配慮がされている。

なお、写真のランチは、実際に提供された料理であり、とても美味しく、本格的なものだった。

おわりに

日本でも、児童家庭支援センターや保育所等を併設し、地域への子育て支援を積極的に行っている児童養護施設は存在するが、SOSベルリンの支援メニューの豊富さや対象の広さは際立っていた。関係機関と協働しながら複合的で統合的なサービスを提供しており、SOSファミリーによる養育もそうした多様な支援メニューのなかのひとつ、という印象であった。今後、日本の児童養護施設においても不適切な養育を受けた子どもたちの回復と成長に努めるとともに、家族分離に至る以前の予防的活動や子育て支援が求められるようになっていくであろう。地域のなかで施設が重要な役割を果たすことによって、そこで暮らす子どもたちに対するまなざしも変容していくことが期待される。

施設の外装や内装に対する意識は高い。カラフルでセンスが良く、そこにいるだけで楽しく、くつろいだ心地になるような空間であった。こうした点については、見習っていきたい。壁やドアなど、ちょっとしたスペースに子どもたちの描いたイラストを飾るなど、作品を大切に扱っており、まぎれもなく子どものための施設であった。

また、今回SOSベルリンの視察において、非常に印象的だったことのひとつが、ホテルロッシの存在であった。日本の社会的養護で暮らす子どもたちのなかにも、様々な背景から学業やアルバイトが長続きしなかったり、就労が困難である者は多い。こうした課題を抱えた若者の自立支援のあり方として、施設が企業と提携して職業訓練の場（それも、子どもたちが誇りを持てるような〝本物〟のホテルとレストラン）を用意するという発想や、それを実現できるだけの社会風土に大きな感銘を受けた。

「そなえ」が大切にしていること

金本秀韓◉自立援助ホームそなえホーム長

「そなえ」について

平成28年4月1日に「そなえ」は山口県岩国市に女子6名定員の自立援助ホームとして開設されました。山口県ではそれまで男子の自立援助ホームが1か所あるのみで、女子の受け入れができる自立援助ホームがありませんでした。私は、児童養護施設での児童指導員時代、そのあとの児童家庭支援センターでの相談員時代も児童養護施設等を退所した児童（以下、退所児童）と接する機会があり、彼らの退所後の生活ぶりや苦労を聞いたり目にしたりすることがあり、退所後の自立の困難さに対し強い問題意識を持っていました。

　退所児童の中でも、土木関係の仕事など肉体労働を主とする就労先に雇用をお願いしやすい男子に比べ、女子はそれが難しく、就労先や住居の確保に頭を悩ませた記憶がありました。そこで、退所児童がもう一度社会的養護の支援を受けることでやり直しを図ることができる自立援助ホームの開設を考え始め、山口県では初となる女子6名定員の自立援助ホーム「そなえ」を開設することとなりました。

　建物は2階建て木造1戸建ての5DKで、居室が3部屋（各2人部屋）となっています。職員構成はホーム長1名（男性）、ケアワーカー3名（すべて女性）です。女子のホームですが、異性の存在を効果的に位置づけることができると考えているため、男性の役割も重要と考えています。

「そなえ」での生活

　子どもたちを受け入れるまでにいくつかの手順があります。まずは児童相談所や学校などから受け入れを検討している子どもたちの話を電話で受けます。そこから、実際に子どもたちがホームを見学し、子どもたちがホームでの生活をやってみようと思えば入居となります。見学後に最長1週間の体験入居も、希望すれば可能となっています。もちろん、ホーム長の入居の許可が必要となりますが、他に行くあてがない状態で見学に来る子どもたちがほとんどなので、基本的にはホームが入居を断ることはありませんし、実際にこれまで11人の子どもたちを受け入れてきて、そのほかで受け入れを断ったことはありません（平成30年4月1日時点）。

　見学の際には子どもたちに「そなえでの生活の約束」というホー

ムでの決まりごとを見てもらい、内容を理解したうえで入居を考えてもらいます。その内容は時間や決まりごとで制限されたものはほとんどなく、「食事時間」「門限」「家賃」など必要最低限の内容になっています。自立援助ホームの子どもたちは15～19歳の子どもたちの受け入れを原則（大学進学などの状況の子どもは最長で22歳年度末まで入居が可能）としており、18歳で入居した子どもは特別な事情がなければ、20歳になるまでに退居し自立をしなければなりません。つまり、ホームでの生活時間が長くはないため、急いで成長しなければならないのです。そのためには、他者から強いられた生活ではなく、自分で起きる時間、寝る時間、学校へ行くかどうか、就業先はどうするか等さまざまなことを決めてその責任をとるという経験を多く積む必要があります。これらの経験が自立をしていく力になると考えているため、制限を多く設けない生活を作っています。また、ルールではなく、「約束」とすることで、「約束」を守ることの重要性、他者と信頼関係を築いていく練習になればと思っています。まず入居した子どもたちは就労先を決めます。まずはアルバイトという形でコンビニエンスストア、焼肉店、ラーメン店などの飲食業で働き始めます。アルバイト代の中から「そなえ」に納める家賃3万円の他、自分の携帯電話代などを捻出し、その他は貯金に回したり、自分の交際費に使ったりしています。最近では、ほとんどの子どもたちが通信制高校などに編入や入学をし、アルバイトに学校に、と忙しい日々を送っています。

さらに、「そなえ」では、定期的にホーム全員で外食にでかけたり、日帰り旅行や宿泊旅行などさまざまな楽しい企画を考え、子どもたちの思い出作りにも取り組んでいます。資生堂にお願いをして「メイク講座」やＫＤＤＩにお願いして「スマホケータイ安全教室」をしていただくことで、社会教育にも取り組んでいます。

ホーム全員での外食

ユニバーサルスタジオジャパンへ宿泊旅行

メイク講座

スマホケータイ安心教室

金本秀韓（かねもと・しゅうかん）◉児童養護施設（児童指導員）、児童家庭支援センター（相談員）を経て、平成28年3月に特定非営利活動法人とりでを設立（理事長）。同年4月に自立援助ホーム「そなえ」（女子6名定員：ホーム長）を開設。平成30年4月には自立援助ホーム「ゆめじ」（男子6名定員）を開設。社会福祉士。

「自立をするために働いてお金を貯め、ホームに家賃を納める」「学校へ行き、勉強をする」だけの生活では面白味のない生活となり子どもたちも息が詰まると思います。安心した生活を通して目標を見つけることが「そなえ」での生活でできればと思います。

「自己決定」を通した支援

自立援助ホームではその名の通り、入居した子どもたちの自立を支援します。つまり、「一人暮らしできる状態に育てる」ということになります。そのために、子どもたちを支援するうえで大切にしていることは「自己決定」です。先述しましたが、「そなえ」での生活は制限がほとんどなく、子どもたちが自由に生活をできる反面、多くのことを自分で決めなければならないというふうに捉えることもできます。朝起きるのが嫌であれば、昼まで寝てもいいのです。しかし、あまりにも遅くまで起きていて次の日の仕事に間に合わないということになればこれは自己責任となり、仕事先で叱られ、子どもが自分の評価を下げることになります。子どもたちを支援するケアワーカーであれば、こういったことにならないために先回りして「就寝時間を設定する」もしくは、「寝坊しないようにしつこく声をかけて起こす」等の対応をする場合もあります。しかし、「そなえ」では失敗も自立のために必要なことであり、「子どもは失敗を通して成長する」という考えをとります。そのため、子どもから要求をされなければあえて朝、起こしはしません。しかし、失敗した後で「次はどうずればよいか？」ということを子どもたちと話し合い、次に活かすよう働きかけます。これを自立支援と考えています。

この年代の子どもたちは大人と距離をとりたがる場合が多いように感じますが、その一方では「見ていてほしい」という相反する感情を抱いていたりします。ですから、なんでも先回りして声をかけたり指示をしたりするのではなく、遠目で離れて声はかけないが見ておくことが多くの場面で必要となります。「放っておくのではなく、見守る」というケアワーカーと子どもとの距離感が、自立援助ホームの支援の醍醐味と言えるのではないでしょうか？

以前に入居していた子どものことで「自己決定」というテーマを象徴する出来事がありました。18歳になる直前に通信制の高等学校へ所属していたのですが、「高校辞めて就職する。彼氏と同棲する」と言い出した子どもがいました。それまでは「高校は卒業して就職する」と言っていたのですが急に気が変わったようでした。はじめは、ケアワーカーたちは彼女の発言に振り回され戸惑いを感じました。しかし、職員会議などを通して「彼女の言い分にとことん付き合ってあげよう」と方針を固めてからは彼女に対し、「じゃあ一人暮らしをする準備をしようね」「就職先を探そうね」と言い、ハローワークへ一緒に行き、就職希望先の面接にまで同行したり、一人暮らし先の物件をインターネットなどで探すよう伝えたり、と彼女の意向を常に確認しながら動きました。結局、就職先が決まりかけ、一人暮らし先も決めてあとは契約するだけという場面になりました。しかし、いざ一人暮らしをするために必要な金額を彼女に試算させ話し合いの場をもったところ、「全然お金足りないじゃん。やっぱり高校卒業するまでここにいる。就職もやめる」と自分で「そなえ」での生活の続行を決めました。はじめから、彼女の意見を聞かずに支援を続けていればこのような結果にはならず、「私は一人暮らしをしようと思ったのにホームがさせてくれなかった」という彼女の不満を高め、他人の責任にした生活が続いていたかもしれません。彼女の意向を尊重し、これに付き合った対応をした結果、彼女の「自己決定」を導き出すことができたのだと思います。

このように、子どもたちにさまざまな場面で「自己決定」をさせ、その結果について予測させ必要に応じて責任をとらせるという経験を自立支援と考え、「そなえ」では大切にしています。

「そなえ」のこれから

「そなえ」での生活で大切にしていることをこれまでご紹介してきました。自立支援において「自己決定」が大変重要であるという考えはこれからも変わらないと思います。

さらに、これからは「そなえ」の後の子どもたちの生活について考えなければなりません。いわゆる「アフターケア」という取り組みになりますが、退居した子どもたちに対して現状は電話連絡や、近隣に住んでいる子どもたちに対しては来所させ一緒に食事をとり、近況を聞くということができています。今後、さらなる取り組みとして「アフターケア」の対象を「そなえ」の退所児童以外にも広げていくことを考えています。

「そなえ」の運営をしている「とりで」では毎月1、2回フットサルを通して退所児童が集まり定期的に交流をし、近況を聞くという取り組みを行っています。しかし、フットサルがきっかけでは参加しにくい子どもたちは多くいると思います。そういった子どもたちが参加しやすい方法としてソフトバレーをするとか、定期的にホームの一室を開放して誰でも来所して相談できるなどの体制を整備していかなければなりません。退所児童を支援するうえで大切なことは「相談ではない方法で接触をする」ということです。相談をするという行為は多くの退所児童にとっては心理的抵抗を感じることが多いようです。そのために、「参加する」「声をかけてもらう」等他の方法で接触を図る必要があります。これから「アフターケア」の取り組みをすすめていくための接触の仕掛けを作っていかなければなりません。子どもたちの人生は「そなえ」などの社会的養護を離れてからが本番なのですから。

施設内での一時保護委託枠について

田崎加織◉児童養護施設二葉むさしが丘学園児童指導員

はじめに

平成28年度より、施設内での一時保護委託枠を開設し、実施しています。開設にあたって、地域小規模児童養護施設を増設し定員を増やしたうえで定員6名を一時保護委託枠として活用することで、本体施設にて定員内での一時保護委託枠を設置しています。特徴としては、一時保護中の通学と少人数でのケアが可能であるという利点があります。

施設内での一時保護委託枠を実施するにあたって、本体施設のある小平市内近辺に保護所がないことや今までも一時保護の依頼を継続的に受け入れている関係もあり、〝施設措置を要せず、一時保護から早期に家庭復帰が見込まれる児童〟を基本的な対象の見込みとして設定しました。

今回は、基本的に施設措置を要せず一時保護から早期に家庭復帰が見込まれる児童を対象として、入所児童と同室にて男女別で一時保護の受け入れを行ってきた約2年間の実践報告をさせていただきたいと思います。

実施に至る経緯

検討するにあたって、〝特に困窮にある子どもたちが、わけ隔てなく、愛と理解と敬意を持って養育されるために活動します。社会的ニーズに応じた事業や実践の追求。子どもや女性や家族や地域が必要とされることについて率先して実践してきた歴史。二葉の理念にあるような事項について率先して提起し実践していく志を持っていただきたい〟といった法人の理念や考え方を踏まえ、実施の可能性について前向きに検討することで確認を行いました。

実施の可否について、学園内で議論した際には、実施するとしたらどのような形でどこが実施していくのが望ましいのかという点で意見を出し合いました。児童相談所近くのグループホームにて実施することも考えましたが、基本的に一人勤務となるグループホームで十分なアセスメントができていない一時保護児童を預かることはリスクが高く、受け入れ可能なケースを狭めてしまうことが懸念されました。

また、現在一時保護委託枠事業を実施している三寮がもともと男女別の室構成で運営しており、定員も他寮より少なく（都立施設からの移行後も自宅支援施設からの措置変更など少人数でのケアが必要なケースを中心に受け入れていたため）、これまでも一時保護の受け入れを継続的に行ってきた経緯がありました。

そのため、三寮が中心となって実施することで今までの経験を活かして求められる役割を果たすことが可能なのではないかとの結論に至りました。

実施方法として、一時保護児童をまとめて生活させようとすると、在籍している入所児童がいるため、児童の大幅な移動が必要となります。また、都内の一時保護所を見学させていただき、お話を伺う中で一時保護という十分に見通しを持っての受入れが難しい上に入所児童の生活を大幅に変化させてまで男女混合で実施する利点を見出すことはできませんでした。

そのため、一時保護依託枠事業の開始当初は、児童の移動を最小限にとどめ、まずは男女別で一時保護を受け入れていこうという意見のもと、入所児と合同での一時保護委託枠を実施し、運営していく中でさらによりよい方法を検討していくこととなりました。

実施の条件

【一時保護委託枠の対象者】

一時保護委託後そのまま施設に措置することを要せず、早期の家庭復帰が見込まれる、次に例示する児童等

・親の緊急入院により短期間の保護を要する児童

・起訴にまでならない見込みで親が拘留された児童

・一時保護所が空くまでの短期間の一時保護委託　等

【一時保護委託枠の入所期間】

原則2か月以内

＊当初の見込みとは異なり結果的に2か月を超えてしまう場合は、委託先を変更する調整を行う。

【施設と児相の役割】

施設が生活面のアセスメントを担い、親や学校等の対応は基本的に児童相談所が担う。ただし、日常の学校との連絡について、施設へ協力を依頼する。

【一時保護委託する児童のアレルギー、感染症、服薬等の情報提供】

委託する児童のケースによるが、可能な限り速やかに施設に情報提供する。

【一時保護委託の実施による暫定定員の取扱い】

一時保護委託の実施を要因として暫定定員となる場合には、国と協議するなど、暫定定員とならないよう調整を図っていく。

【一時保護委託後の児童福祉司等の関わり】

定期的な面会に努める。

【一時保護委託中の児童の行動制限】

児童の行動制限、外出、施設の行事等への参加については、児童の状況を踏まえ、児相が個別に調整させていただく。

【支度衣料】

支度衣料については、ケースの状況によるため、委託時に児相に確認いただきたい。

＊東京都福祉保健局少子社会対策部育成支援課家庭支援課との協議より

生活のようす

当施設は職員が事務作業を行う公務室を挟んで両側に子どもたち

田崎加織（たさき・かおり）◉児童養護施設二葉むさしが丘学園児童指導員。勤続９年。明治学院大学心理学部心理学科を卒業後に当施設に入職。５年間グループホーム勤務をし、その後本園へ。本園勤務２年目に一時保護委託枠の担当を兼任。

が生活する室（定員8名）があり、両室合わせて一つの寮となっています。本体施設には4つの寮があり、子どもたちの居室は基本的に個室（内、2人部屋の和室が室に各1）となっています。

基本的に個室での生活を確保できるため、特に高齢児は家庭から離れて落ち着いて気持ちや考えを整理することができるとの声が挙がっていました。

また、一時保護の受け入れの際には、自宅で使用していたもの（ぬいぐるみやタオルなど）の持ち込みについても対応させていただいています。身近に使っていたものがあることで少しでも安心した生活や睡眠を確保してあげられるようにしています。

一時保護中の権利擁護

受け入れ時には子どもたちが安心で安全な生活が送れるように最低限の〝生活のやくそく〟として、物の貸し借りによるトラブルの回避や個人情報の取り扱い、個人の空間の保障について説明しており、入所児童にも理解と協力を得られるように掲示やその都度説明をしています。

適切な援助のために

依頼や受け入れ時に児童情報を口頭や児童票にてどれだけ得られるかが、受け入れ後の子どもたちの安心と安全面に配慮した支援につながっていくと考えています。そのため、情報共有の際には、提供していただける情報についてはできるだけ詳細に伺うようにしています。これまでには、アレルギーや服薬を必要とするケースもあり、正確な情報が後日に発覚したこともありました。

一時保護という特性から事前に正確な情報を得にくい部分もありますが、子どもの安全に関わる重要な事柄であるため、聞き方の工夫や確認漏れのないように努め、児童相談所にも情報確認の協力を得られるように積極的に働きかけていく必要があると考えています。

学習・通学

個室での対応、通学の継続など一時保護所では困難な事柄への対応が可能であるため、通学の継続を希望する依頼も少なくはありません。継続して通学ができることで一時保護中の出席日数や通学への意欲低下、孤立感を軽減することが可能となります。

保護期間が不確定な中で、個人の学力の把握から行うため、保護期間の中で学力の向上や不足分を補うことは十分に達成することは困難であると感じています。

そのため、児童の得意不得意を把握し、支援方法の工夫を見つけ、情報提供していくことが不確定な期間でも少人数で一時保護を実施していく利点につながると考えています。そのため、児童の特性や学力に応じて、一時保護後の生活につなげていけるような学習支援を行っていくことが理想であると考えています。

日常の学習支援においては、現在は無料の学習プリントや入所児が使用していた学校の教科書やワークを用いて実施しています。学力の判定基準についても統一したものがないため、通常の学年よりも下げた学年のプリントをやってもらい、理解度を見て判断しています。そのため、一枚あたりの問題数が少なく、分野別に使用可能なプリントや統一して学力を判定できる簡単なテストのようなものがあるとよりスムーズに学習の導入を行えるようになるため、改善が必要な部分でもあります。また、入所時との学力の変化を本人に

平成28年度　利用者数・平均保護日数

	4月	5月	6月	7月	8月	9月	6か月平均
一日当たり平均利用者数	3.03	3.58	4.60	3.90	4.23	5.07	4.07
	10月	11月	12月	1月	2月	3月	年間平均
	5.19	5.13	4.61	4.19	5.14	4.90	4.47
1人あたりの平均保護日数（年間）28.62日							

＊28年度保護依頼件数171件、内一時保護委託45名。

平成29年度　利用者数・平均保護日数

	4月	5月	6月	7月	8月	9月	6か月平均
一日当たり平均利用者数	3.4	3	5.6	3.5	3.5	4.1	3.85
	10月	11月	12月	1月	2月	3月	年間平均
	4.9	5.5	4	0.8	3.4		3.79
1人あたりの平均保護日数（年間）44.7日							

＊29年度保護依頼件数155件、内一時保護委託35名。

平成28年度　一時保護入所依頼理由（件数）

性別/主訴		身体	ネグ	性的	心理	非行	養護	性格	傷病	拘留	他	不明	小計	合計
合計		57	18	1	6	9	6	3	24	3	12	8	147	147
入所	男児	8	6		2	2	2	1	7	1	1		53	30
	女児	6	4		3	1	3		3	1	2			23
キャンセル	男児	24	5		1	3	1		8		5	8	94	47
	女児	19	3	1		3		2	6	1	4			39

その他：DV・家出／死別　＊1ケースで理由複数あり。

平成29年度　一時保護入所依頼理由（件数）

性別/主訴		身体	ネグ	性的	心理	非行	養護	性格	傷病	拘留	他	不明	小計	合計
合計		34	14	2	3	5	12	0	23	0	27		99	153
入所	男児	5	2			1	2		3		7		20	20
	女児	8	4	1	3	1			6		7		30	30
キャンセル	男児	12	4			2	5		6		6	33	35	35
	女児	9	4	1		1	5		8		7		35	35

その他：DV・家出／死別／里親不調／一時保護不調／施設不調　＊1ケースで理由複数あり。

フィードバックすることができると子どもたちの自信につながっていくのではないかと考えています。

運営

寮職員6名に加えて、一時保護加算として1名増員した計7名の職員で寮運営を行っています。その中で、主に3名の職員が一時保護と室担当を兼任して運営を行っています。

日常の一時保護に関わる業務（依頼、受け入れ、面接等）については、平日に一時保護担当を日勤で置くことで通常業務との棲み分けを図っています。また、一時保護中の生活への支援については全職員が関わり、個別の相談や指導等については内容や児童のケースによって、一時保護担当が中心となって実施するようにしています。また、開設当初より、定期的に東京都との綿密かつ定期的な連携をとりながら取り組みの充実を図るように努めています。

運営していく中で、一時保護の入退所が頻繁にあることや生活している環境に慣れない相手が出入りすることへの入所児童の不安や不満は少なからず見られていました。そのため、入所児童の生活に配慮した一時保護委託枠事業のあり方について検討してきました。平成29度末で男児の入所児童が退所となることを踏まえて、平成30年度は入所と一時保護を分けた状態で運営していくこととなりました。しかし、男女混合の一時保護室となるため、受け入れ児童の特性や年齢構成に十分配慮をしながら支援していくとともに、〝ケアするための場所〟という統一した認識のもと、ルールの見直しも行っていく必要があると考えています。

これまでを振り返って

開設当初に条件としてあげていた対象者だけでなく、長期間に渡る保護（2か月以上）を必要とするケースが多数見られ、当初より期間が延びてしまうこともありました。

一時保護されている子どもたちは安全上、外出や学校などに制限がかかり、家族や知り合いとも自由に連絡を取り合えない状況のため、〝いつまでこの状況が続くのか。この先どうなるのか〟という不安を常に抱えています。そのため、担当福祉司には定期的な面会と状況の説明を実施してもらうなど、周囲で支援する大人たちができる限り子どもたちの不安を軽減できるように努めています。

おわりに

一時保護所の入所率の緩和以外に一定期間の関わりでどのような目的を見出せるかが開始当初からの課題となっていました。一時保護委託枠を運営していく中で、家庭引取りのケースは家庭に帰ったときに母子関係がよりうまくいきやすいように、一時保護所や施設入所のケースは入所後の生活がよりスムーズにいくように、どのようにしたら保護者や職員が子どもとの関係をより円滑に育めるのかという視点が1人ひとりの児童の将来につながっていき、短期間でも関わった日々の支援を生かすことが可能となるのではないかと考えています。そのため、本人の強みを見つけ、その子の性格や特性に合わせた対応の工夫を探り、支援や情報提供を行うことで一時保護されていた期間を安心で安全な生活体験の保障のみならず、新たな成長の一つとして残してあげられるように支援方法を常に試行錯誤していく必要があると考えています。

現場実践レポート

「子どもの村東北」と里親家族への支援について

石田公一◉子どもの村東北 村長

はじめに

小生は、児童相談所に長く勤務した後、児童養護施設長を4年間務め、その後乳児院に所属する里親支援専門相談員を4年3か月務めた。長く児童福祉の世界にいて常に里親制度とは隣り合わせの仕事をしていたのであるが、「SOS子どもの村」という里親家族を支援する組織があることはほとんど知らないで過ごしてきた。多くの児童福祉関係者の方々もそれに近いのではなかろうか。

昨年春から、縁あって「SOS子どもの村東北」の活動に参加してきたが、里親家族と支援スタッフが同じ組織にいるのは大変興味深く、また今後のフォスタリング機関の1つのモデルになるかも、とも感じてきた。わずか1年の経験であるが、「子どもの村」の成り立ちや、家族の日常生活や子どもの育ち、課題などをお伝えしたい。

「SOS子どもの村」の成り立ちなど

第二次世界大戦直後ヨーロッパ全体には約50万人の戦災孤児が残され、日本もそうであったように大規模な孤児養育施設が作られた。しかし、オーストリアの医学生であったヘルマン・グマイナーは、ペスタロッチの教育学の影響や、当時研究され始めていた、多人数の子どもが少数の職員の養育の下で十分な世話が受けられないことによるホスピタリズムを防ごうとする医学的な観点から、孤児は少人数で母性に包まれた家庭環境で育てるべきだと考え、1949年、実践を始めた。戦争直後の社会的混乱や経済困窮の中、当時として突出した考え方だったのではなかったかと思われる。

その後欧州だけでなく、アフリカ、東南アジア、南アメリカなど広く展開されており、現在では133か国に広がっているという。「すべての子どもに愛ある家庭を」をスローガンとしている子どもの村は、その長い実践内容から2009年に国連総会で採択された「子どもの代替養育に関するガイドライン」をつくるにあたって大きな影響力があったと言われている。パーマネンシー・プラン（永続的養育者の確保）や、ノーマライゼーション（家庭に近い普通の生活）、インテグレーション（地域に溶け込む）、インクルージョン（最初から地域社会と一体になる）など、子どもの権利条約の思想の実現を目ざすという高い理念に支えられている。

石田公一（いしだ・こういち）◉子どもの村東北 村長。元・岐阜県職員（福祉専門職）。児童相談所、福祉事務所、県庁（障害福祉、高齢福祉）等を経て、児童養護施設長。その後、里親支援専門相談員を経験の後「子どもの村東北」へ。虐待予防活動や里親家庭支援に取り組んでいる。

その「村」には4つの原則がある。①専門的なマザーがいること（日本では夫婦里親あり）、②少人数の里子はきょうだいのように生活する（5～6人。アフリカなどでは12人もあり）、③マザーと里子が絆で結ばれた家庭をつくる、④複数の「家」が共同体をつくり地域にとけこむ、というもので、マザーを助けるアシスタントがいるのも特徴である。その意味では日本のファミリーホームのスタイルによく似ている。ファミリーホームは日本独自の制度だといわれるが、「SOS子どもの村」という先例が影響を与えたのかもしれない。「子どもの村」では、財政的な問題もあり、今後のあり方として、各里親の家のファミリーホーム化が目指されている。

さて、日本での「村」は、現在2か所にある。1か所目は、被虐待児がなかなか施設に入れず、また里親も少ない現状を憂う市民活動の結果、家庭養護を目指した「子どもの村福岡」が2010年4月に福岡市内に開設された。村には5軒の家が建てられ、各々5人の子どもが生活できる。

その後2011年の東日本大震災を機に、震災孤児の養育の課題に加えて東北一円の社会的養護の子どもの家庭養護を進めるために、子どもの村福岡の支援や県・市の理解も得られて、2014年12月に「子どもの村東北」が仙台市内に開設された。どちらの「村」も、建設費、運営費ともに企業・市民・団体などの寄付で成り立っているのが特徴であり、子どもの村東北の場合、公的資金はこれまで里子委託にかかる養育費や里親手当部分のみであった。

寄付は、地元だけではなく全国から、また海外からも頂いており、募金のためのコンサートやイベント・物品販売をしてくださる方々が多々あり、誠にありがたく、感謝しきれない。

とはいえ、寄付文化が豊かとはいえない日本で、寄付を継続的に集め続けることは困難な課題であり、どちらの村も財源問題に悩まされている。先の里親の家のファミリーホーム化方針も公費導入の対策の一つであるが、「村」には専門職が多いことを背景に、自治体からの社会的養護関係の委託事業を受託するなど地域貢献事業に取り組むことで道を開きつつある。子どもの村東北では、2018年度から宮城県から「家族再統合支援事業」と「里親マッチング事業」を受託し、里子養育事業と二本柱の活動として展開し始めている。

「村」の日常生活から

「村」では里親のことを「育親（いくおや）」と呼ぶが、育親家庭での生活は一般の里親家庭と変わることはない。3軒の家が小さなコミュニティとして隣り合って暮らしているが、施設と違って朝礼とかの集団活動はなく各々独自の生活が営まれている。アシスタントは、里子の塾への送迎や通院、家事、遊び相手、里子との話し合い、など育親の都合がつかない部分を担っており、同時に育親の悩みに寄り添うことも、常に求められている。

里親支援には、①学習支援や家事などを含む日常生活上の支援と、②お試し行動や真実告知、「2分の1成人式」、高校進学、社会的自立、実親との交流など、里子独自の人生の成り立ちや通過点を支援するという2つの意味があると考えているが、アシスタントは、児童相談所等との交渉を行う「センタースタッフ」と呼ばれるケースワーカーや育親とも連携して2つの課題に取り組んでいる。

児相から措置される子どもについて「福岡」と「東北」では大きな違いがある。福岡では設立時に地元から小さい子どもの措置が要望された経緯があり、それに即した委託がなされているという。そのため小学校低学年までの子どものにぎやかな声が響き渡る村となっている。一方「東北」では、「村」にはアシスタント等が常にいて育親を支援するシステムがあることから、開設当初から施設では対応しきれない程度の里子の養育が児相から期待され、そうした子どもの措置が続いた。しかし、現実的には育親も村スタッフもまだまだ発展途上にあるため、苦しみながら対応をしているというのが正直なところである。社会資源としての有効性を活かすには、市や県の児相との深いコミュニケーションが課題となっている。

そうした中ではあるが、行動化した里子にはアシスタントが夜一緒に過ごしたり、不安定なときには夕食を家族と一緒食べたりすることもある。また村にはバトミントンや卓球・ミニバスケットができるホールあるため、村長も大汗をかきながら里子のスポーツの相手をしたりすることもある。

そうしたある日の一場面。

今日は不安定になっていると育親が心配をする子。通常はアシスタントが話を聞くが、生活場面ではその場での対応もある。その子が好きな遊びをしている。村長にはまねのできないことなので、じっと関心を寄せて見ていた。「卓球ならできるよ」と一声かけるが、何も反応はなく無視される。20分くらいその子の遊びを縁側に座って眺めていた。するとその子はフイッと何も言わずに自宅に入って行ってしまう。「まあ、関心があることは伝わったかな?」と思い直してみた。事務所に戻って席に着いたとき、その子が外からガラス戸をトントンと叩いて、ラケットを振る格好をする。「オッ、すぐ行く」と言ってホールへ行った。

10本勝負を5回!!などと挑戦されて卓球をやりながらも多くを語るわけではない。勝つと「よーし!やったぁ!」と叫ぶ。ただ、汗をかきながらひたすらラケットを振り続ける中になにか「ちょっと通じたかな?」と思え、和らいだものを感じる。

子どもの心の内をすべて言葉できくことは難しいが、それはそれでいいと考えている。一緒の場所にいて一緒に何かをすることで通じるものがあるのかもしれない。それを頼りに生活することもあるさ、と。

どんな逸脱行動がありながらも、1年単位で振り返れば、里子の話を聞き、食事・弁当・洗濯など日常の基本生活をきちんと用意し、「育親に受入れられている安心感」を醸し出すのが里子養育の1つの要素だと改めて学んでいる。ある意味生活療法という言い方もできる。育親・里子を常に支援をするアシスタントなどのスタッフがいる「村」の強みだと考えたい。

里子の暴言などに落ち込む育親の話をしっかりと聞いて支えることも大切な役割になる。「村」には、個別の育親とスタッフ全員が話し合う「ファミリーチームミーティング（FTM）」が毎月あり、また、そのメンバーに加えて、各育親に別々の臨床心理士が継続的に関わる「家族支援会議」も毎月開催している。里子の行動の理解の仕方や、育親の対応への支持・アドバイス等をいただいている。こうした会議では、形式的な話に終わらないよう、育親やスタッフの本音が聞けるよう心がけることが大切だといつも反省をしている。

課題

①「里親家庭に寄り添う支援」のあり方の理解が人により異なる面があり、歴史の浅い故の悩みがある。育親に敬意を持ち、その養育のあり方を受け止めそれに即して支援するという流れを定着さ

せたい。

②児相の措置ケースが高年齢で対応の難しい子が多く、養育に苦労している状態があるためか、措置が多くないこと。

③「SOS子どもの村」では、里母のみの育親家庭が認められているが、一般にはほとんどないのでは。里親養育は「私的な場所で行われる公的養育である」として、二面性があることが指摘されているが、私的な部分として里親に親族の問題がある場合、夫婦ならばまだ支え合いが可能だが、里母だけの場合、養育との狭間での悩みは大きい。それも含んだ濃密な支援が必要とされるがアシスタントの労働時間や緊急対応などとの絡みでどこまで対応できるのか？という「村」独自の悩みがある。

④「村」の育親同士はコミュニティを形成していて、互いに気持ちが通じるメリットは大きいが、「村」の中だけのつきあいになりがちである。「村」が一体何をしているところなのかを地域の方に日常生活レベルで理解してもらわないと「村」は孤立してしまう。町内会活動や地元行事に積極的に参加する、学校の役割を引き受ける、村のコンサートや学習会などに地域の方を招待する、雪の日には雪かきをして近隣の方の通学通勤路を確保するなど、意識的な努力を続けることが欠かせない。

⑤近年「フォスタリングチェンジ」とか「ACTすこやか子育て講座」など養育者が子育てを学ぶプログラムシステムの研修会が開講されつつあるが、里親支援のノウハウとして積極的に取り入れていきたい。

勧誘行為の実態と成人若年層の犯罪予防に向けたアウトリーチの可能性——路上調査をもとに

荒井和樹◉NPO法人全国こども福祉センター理事長

Ⅰ　はじめに

成人若年層が居場所を求め、路上をさまよった結果、犯罪に巻き込まれてしまうことは珍しくない。家出や深夜はいかいなどの虞犯や不良行為は刑事政策上、ほとんど話題にもならず、犯罪の程度が深化していかない限り支援の対象にならない。

既に非行や犯罪を行った者の社会復帰支援は重要であるが、そもそも事件が起きる前に防ぐ手段を講じるほうが若者にとっても、社会にとっても重要ではないだろうか。

もとより、成人若年層は、未成年者と明確に区別されるため、児童福祉法に定義される要保護児童・要支援児童(1)、少年法に定義される犯罪少年・触法少年・虞犯少年(2)のような概念は存在しない。ここでいう、要支援児童と虞犯少年は要保護児童と犯罪少年・触法少年の下位概念にあたるが、法的根拠にもとづき支援の必要性について明記されている。

とりわけ、犯罪の入り口となる路上での勧誘行為自体も、警察庁が定義する路上(街頭)犯罪に定義づけされていないため、その実態は摑めていない。

そこで本研究では、成年若年層が居場所を求めて路上をさまよったときに出会う勧誘の実態を定量的に調査し、犯罪に巻き込まれていくリスクを明らかにする。また、彼らを必要な支援につなげるため、アウトリーチの視点からも明らかにしたい。

Ⅱ　先行研究の検討

虞犯少年を対象に聞き取り調査を実施した田中(2010)は、路上に出向き、深夜はいかいをしている少年に直接声をかけ、違法薬物の危険性や売買春など、路上における少年非行の実態や危険性を浮き彫りにした。また、自身の経験から少女を対象に声掛け活動をはじめた橘(2016)、仁藤(2014)も元当事者の立場から路上での直接的なアプローチ(声かけ)の必要性を述べている。

これらはすべて定性的な事例研究である。その他家出、売春、貧困の当事者を取材した事例紹介や、そうした困難事例を取材したルポルタージュは散見する（水谷 2009：鈴木 2010：2014：2015、仁藤 2014、中村 2015：2000、橘 2016）。

これらのルポルタージュについては、売春防止法（昭和32年施行）に係る研究として位置付けることができるだろう。売春のかたちも多様化しつつあるが、既に法規制がなされており、売春を助長する行為は「処罰」の対象、あるいは「補導」「保護」の対象とされているため、本研究の対象である成人若年層の虞犯行為や不良行為には該当しない。また、木梨ら（2008）は自主防犯活動の犯罪抑止効果を挙げ、出口ら（2011）は、大阪で路上における「ひったくり」などの犯罪行為の発生要因、地域特性といった環境要因について述べているが、勧誘行為などの犯罪の入り口につながる行為については言及されているわけではない。

一方、深夜はいかいとして定義される少年に聞き取り調査をした田中（2011）は、「家庭、学校に居場所がないこどもはつながりを求め、深夜の繁華街に出てくる。そこで違法風俗店や薬物などのブラック・マーケットとのつながりが築かれる。」と述べているが、犯罪行為へとつながる様々な誘い、手口については明らかにされていない。

また、「深夜はいかい」と定義される23時前の路上調査や、成人若年層を対象にした犯罪抑止に関する研究はほとんど見当たらなかった。事例研究やルポルタージュでは、「路上で少年たちを誘う側」として、度々成人若年層を含む大人が登場している。かれらは少年を取り巻く環境要因として、あるいは「加害者」として紹介されることがほとんどで、成人若年層を対象とする路上調査、犯罪抑止に関する研究は現段階では行われていないといえる。

Ⅲ　対象と方法

（1）調査対象

「成人若年層」を対象にする。なお、成人若年層の解釈については幅があるが、本研究では成人若年層は20歳～34歳までとする。この層は少年と異なり、警察庁による調査では犯罪につながる行動が把握されにくいという特徴がある。

（2）調査方法

筆者は「全国こども福祉センター」での実践による経験から、成人若年層は路上において、合法から非合法まで多様な情報を得ることにより、虞犯や不良行為に巻き込まれていくと考えている。はじめに少年や成人若年層の非行・犯罪の実態をよく知る者たち3名によるブレーンストーミング（以下、ＢＳ法）を行い、成人若年層が出会う犯罪のリスクについて仮説を立てる（調査1）。

路上調査では、調査員6名により、調査期間を２０１６年4月～9月とし9日間（18：00～22：00）の時間帯に実施した。実施場所は東海圏の主要駅で、一日の利用率が最も高い名古屋駅周辺で選定した。名古屋駅周辺で、調査対象に該当しそうな人を対象に、アンケート（他記式）という形でインタビューを試み、量的調査による全体の傾向把握と仮説検証を行う。確認項目は行動人数（目視で判断）、年齢、出身地・現住所（名古屋市・市外）、路上で誘われた経験の有無と、誘われた経験がある人には誘いの内容である。

なお、誘いの内容についてはあらかじめ12項目（①ナンパ、②相席屋、③居酒屋、④アイドル・メイドの勧誘、⑤美容院エステの勧誘、⑥風俗求人チラシ等、⑦署名・募金活動、⑧キャバクラ、⑨クラブ、⑩バイト勧誘、⑪誘いを受けた経験なし　⑫その他）を設定した（調査2）。仮説として「名古屋市（地元）以外の人が勧誘を受けやすい」「仕事の勧誘の形をとる声掛けが多いのではないか」と予想し、④⑥⑧⑩など職業斡旋に関する項目を入れている。

（3）分析方法

インタビューの結果をもとに、調査対象者から得た回答をBS法で作成した仮説と照らし合わせ、成人若年層が路上でどのような出会いを経験し、いかなるリスクに巻き込まれる可能性があったのかを明らかにした。また、成人若年層における犯罪は男女によって異なり、形態、特徴など、性差による違いが予測されるため、この点については詳細な分析を試みることとした。

表1　BS法の参加メンバーと、その特徴

A	30代 男性	2005年からC県のD児童養護施設職員として社会的養護の子どもたちとかかわっている。サイバー・路上パトロールの実践経験を持つ、NPO全国こども福祉センター創業者。
B	20代 男性	NPO法人全国こども福祉センター事務局長を務めながらサイバー空間を担当。児童相談所虐待対応協力員（嘱託）。
C	30代 男性	自身も非行経験を持ちながらも、非行少年の支援にたずさわる元当事者。NPO法人再非行防止サポートセンター愛知理事。非行少年への面会や直接的なかかわりをし、再非行に至らないようサポート活動を実施している。

（4）倫理的配慮

路上調査の実施にあたっては、日本福祉大学倫理ガイドラインに則り、全国こども福祉センターの承認と協力を得て行った。センターを通じて調査員を確保し、彼らには個人情報保護のため、調査で得た情報を他にもらさないという誓約書に記入・提出していただいた。

Ⅳ　結果

（調査1）BS法

BS法は、2016年6月14日に実施した。筆者と調査協力者2名が一堂に会し、居場所を求めて街に出たり、サイバー上をさまよったりする成人若年層にはどのような出会いや勧誘が待ち構えているのかについて話し合った結果、路上やサイバー上で出会う人々や誘いは男女で内容が大きく異なることが確認できた。その点を考慮し、出会いや勧誘について分類すると「合法」「違法」「違法だが処罰無し（グレーゾーン）」の3つに大別できた。

男性側は女性側に比べて、誘いが少なく、女性は誘いを受けることも、種類も多かった。成人若年層の女性はリフレやセクシー居酒屋など多様な形態に広がる性産業への誘いが多く、業務の形態が移行したり、定義づけが困難であったり、時代とともに変化してきていることも確認できた。男女のリスクは売春防止法の趣旨にもとづき、女性は保護の対象となること、男性は自分自身を売り物にできないことで、結果的に、詐欺や女性をあっせんする業務、スカウト業や違法風俗店の客引きに従事していることも明らかになった。

そして、誘いのリスクについては、5つに分類することができた。①摘発や逮捕の対象となる法的なリスク、②評価を落とす、友達を失うなどといった社会的リスク、③病気やけが、拘束などの身体的リスク、④コミュニケーションが困難な相手と接したり、罵声を浴びせられるなど一方的な苦情、あるいは過剰なサービス要求に応えたりすることが求められるなどの精神的リスク、⑤初期投資として多額のお金を必要とする、資産を失うなどの経済的リスクが確認できた。

また、BS法を行うなかで、参加者からは路上では働く側（人材）の募集に限らず、利用側（お客）としての誘いも多くあり、出会い（異性）をエサにした詐欺や犯罪等が少なくないこと、および合法、非合法含めて男女どちらかに限定した職業の斡旋があること、出会う人々、誘いは性別によって異なることが指摘された。そのため今後実態調査を行うにあたっては、まずはこれら内容の働きかけがあることを念頭に置き、分析の際には対象者の性別の違いとリスクの性質にも着目する必要があることを確認した。

（調査2）路上調査

　路上調査（調査期間２０１６年4月～9月9回実施）を実施した。見た目では成人若年層と判断することが難しいため、「ゆっくり歩いている。同じ場所に居るか、座っている。路上ライブ、パフォーマンスを眺めている」「足元がクロックス（女性）、荷物が極端に多いｏｒ少ない」「外に出て居場所を求める人であれば、何か声をかけられたら応答をしてくれるだろう」と考え、調査協力のお願いということで声をかけてみることにした。調査の結果、10代～30代の男女１３５グループから回答が得られた。そのうち本研究の調査対象とする「成年若年層」は60グループ（表に入れていない性別不明2グループ含む）であった。

　出身地（男女別）でみると、男性は名古屋市内が1組のみで名古屋市外が11組、無記入が1

成人若年層（60組）を対象とした路上調査結果（調査２）

表２－１　声かけに反応した成人若年層の出身地（男女別）

出身地		男性		女性		不明		合計	
①	名古屋市内	1	8％	10	22％	2	100％	13	22％
②	名古屋市外	11	85％	21	47％	0	0％	32	53％
③	市内・市外混合	0	0％	1	2％	0	0％	1	2％
④	無記入	1	8％	13	29％	0	0％	14	23％
合計		13	100％	45	100％	2	3％	60	100％

n＝60

表２－２　成人若年層60組が声をかけられた内容（男女別）複数回答可

声をかけられた内容		男性		女性		不明		合計	
①	ナンパ	0	0%	7	10%	1	13%	8	9%
②	相席屋	1	7%	5	7%	0	0%	6	6%
③	居酒屋	2	14%	8	11%	1	13%	11	12%
④	アイドル・メイドの勧誘	0	0%	2	3%	1	13%	3	3%
⑤	美容院エステの勧誘	0	0%	6	8%	2	25%	8	9%
⑥	風俗・求人のチラシ等	0	0%	6	8%	1	13%	7	8%
⑦	署名・募金活動	0	0%	1	1%	1	13%	2	2%
⑧	キャバクラの勧誘	1	7%	11	15%	1	13%	13	14%
⑨	クラブの勧誘	0	0%	1	1%	0	0%	1	1%
⑩	バイトの勧誘	0	0%	0	0%	0	0%	0	0%
⑪	なし	6	43%	12	17%	0	0%	18	19%
⑫	※その他	4	26%	12	17%	0	0%	16	17%
合計		14	100%	71	100%	8	100%	93	100%

※その他（自由記述）
　女性への誘い　出会い喫茶（4）、婚活バー（2）、水着居酒屋（2）
　男性への誘い　ホスト（3）、AV男優、薬物、募金強要、ケンカ
　　　　　　　　写真撮影、マルチ商法

組（合計13組）であった。女性は名古屋市内が10組、名古屋市外が21組、市内・市外混合が1組、無記入が13組（合計45組）であった。また、性別不明が2組であった。（表2－1）。

また、市外出身者の男性11組のうち自由記述を見ると埼玉、神奈川、新潟、長野、大阪、福岡、鹿児島と7組（64％）が遠方のグループであることが確認できた

誘いの有無については、「なし」と答えるグループが男女グループ共に最も多く18組（男6組、女12組）となっている。誘いを受けたことがあるグループについては男女別で誘いの内容が大きく異なっている。

男性は「その他」のホストが3組、居酒屋の勧誘が2組、1組だけだが、相席屋、キャバクラ、AV男優、薬物、募金の強要、ケンカ、写真撮影、マルチ商法の誘いも確認ができた。

女性は、キャバクラが最も多く8組、次いでナンパが7組、美容院・エステの勧誘が6組、並んで風俗・求人のチラシ等が6組、相席屋が5組となっている。「その他」で女性のみが誘われた誘いは出会い喫茶が4組、婚活バーが2組、並んで水着居酒屋が2組となっている（表2－2）。

なお、今回の路上調査では2人の成人若年層と話をすることができた。

事例1　A（20代男性）

母子家庭で育つ。専門学校を出てからは会社員として働き始めたがスカウト業を始めた。会社員は二年で退職。現在はスカウト会社でスカウト業をやっている。AV（アダルトビデオ）や風俗嬢、キャバクラ嬢などといった業種を紹介し、業者に斡旋して仲介料をもらっている。まずは、友達として仲良くなり、携帯電話・スマートフォンで連絡を取り合う仲に発展してから適宜紹介するという。

事例2　B（20代男性）

風俗店や相席屋の呼び込みをしている。路上で若い女性にティッシュを配っていた。一見ただのティッシュ配りのように見える仕事だが、声かけをしており、深夜まで路上で仕事をしている姿を確認した。現在は、このアルバイトのみで生活をしているという。

Ⅴ 考察

たとえば、成人若年層は路上での勧誘行為で、多様な情報を得ることにより、犯罪行為に巻き込まれていくことが予想される。

成人若年層は声をかけられた経験が「ない」と答えた男性は43％と約半数、女性は17％であったことから、調査に協力をしてくれた成人若年層は半数以上の男女が既に何らかの誘いを受けた経験を持っていることが明らかになった。この結果から考察すると、誘われるという経験を通して、誘いの内容を理解し、認識できるようになったと捉えることもできる。

また、女性は市内出身者が10組（22％）、無記入が13組（29％）となっており、無記入が目立っている。これは、回答をもらえなかったことを意味している。無記入の回答をした女性は、目の前にいる調査員に対して警戒し、「住んでいる場所の開示」に抵抗を示す傾向にある（表2－1）。いっぽう、男性は名古屋市内と答えたのは、わずか1組で、成人若年層の男性は地元が遠いグループほど、声掛けに応じる傾向がみられる。

仮説として挙げた「仕事の勧誘の形をとる声掛けが多いのではないか」は、男女ともに共通して見られることが確認できた。この結果から、路上にたむろする成人若年層には、サポートを目的とした声掛けではない誘いがかけられていることが窺えた。

女性の場合は、声をかけられた経験が男性よりも多く、そうした経験をすることで交友関係が広がる可能性もあるだろう。また、女性は年齢を重ねれば重ねるほど、声をかけられる経験も重ねていくので、良い誘い、悪い誘いを見極めたり、誘いに対し、判断をしたりする機会が

必然的に増える。その経験を重ねることによって「警戒心」も強くなっていくと考えられる。

声をかけられた内容を分析してもBS法で導き出した仮説のなかで生成されたような誘いはほとんど見当たらなかった。つまり今回の路上調査で立ち止まってくれた男女は、リスクが高く、違法性の高い職業への斡旋、犯罪にかかわるような誘いは、まだ経験していないということになる。

前述した「警戒心」については今後、成人若年層に声掛けをする場合、一つのポイントになる。例えば、何度も声をかけられた経験を持つことで「またか」と警戒心が強くなり、まずは声掛け自体に抵抗感が生まれてしまい、立ち止まりにくくなる。あるいは、声をかけられた本人が、そのときの本人にとって不快な内容であれば、「次は話を聞きたくない」となり、二度と立ち止まらなくなる。逆に、不快ではなく、本人にとってメリットとなる内容であれば抵抗感は生じない。また、今まで経験してきていない内容の声掛けの場合には、抵抗感が生じていても立ち止まって話を聞いてくれる場合もある。これらのことから、不快な思いを重ね、声掛けをすべてシャットアウトする前に、支援者と出会うことが重要である。

また、今回は調査対象とできなかったが、路上で声かけを行う、キャッチ・スカウト・呼び込み等の多くは成人若年層や未成年の男女であることが調査場所で確認できた。なかには客を捕まえるため並走し、JR名古屋駅の敷地内まで足を踏み込むなど違法すれすれの呼び込みをしている場合もあり、その意味では介入が必要と捉えられる。彼らはBS法（調査1）で確認した法的なリスクだけでなく、不安定就労の場合が多く、合法な就労先に所属できていないため、周囲からの偏見や差別を受けるといった社会的リスクを含んでいる。

Ⅵ 結論

本研究では、路上において、成人若年層に対しどのような誘いがあるのかを明らかにした。路上での呼びかけに応じ、調査に協力してくれた成人若年層は、何らかの誘いを受けた経験がなかった者も一定数確認できた。誘いを受けた経験がある者については男女別で内容が大きく異なることが確認できた。男性への誘いは少ないがホスト、居酒屋の順となっており、相席屋、居酒屋、キャバクラ、AV男優、薬物、募金強要、ケンカ、写真撮影、マルチ商法の誘いが確認できた。

女性への誘いはキャバクラ、居酒屋、ナンパの順に多く、次いで美容院・エステ、風俗・求人チラシ勧誘が多かった。

男性の約半数が一回も声をかけられたことがないため、勧誘行為を経験していない者も多い。支援の情報を提供するのであれば、先回りしやすいともいえよう。また、既に路上で違法な仕事に従事しているキャッチ・スカウト・呼び込み等は、支援が必要な存在とみなし、できるだけ早い時期に声掛けや介入をすることが重要である。しかし、犯罪抑止のために、積極的に路上で既に呼び込みやスカウト、従業員として働いている男性にアプローチすることは、支援者側にとってリスクがある。そうしたリスクも考慮すると、成人若年層へのアプローチは少年よりも予防的な視点でのアプローチが欠かせない。

また、田中（2010）は深夜徘徊《はいかい》する虞犯少年に犯罪理論のボンド（絆）理論と分化的接触理論を妥当としていたことからも、ブラック・マーケットとの関係性や、そこでの学習により価値観が固定化される前に、アウトリーチしていく、早期的な介入は、少年同様成人若年層にも必要な支援といえる。むしろ、前科がついたり実名報道や法的リスクの高い成人若年層のほうが少年よりも支援が不可欠である。

木梨ら（2008）も「自主防犯活動」の犯罪抑止効果を挙げていることから、具体的な防犯活動の方法として、呼び込み、スカウトに誘われる前段階に声をかける。路上では地方出身者が多いことから、転勤前に情報提供をする。正社員になる前段階、アルバイトのときに声をかける。ブラック・マーケットとのつながりが生まれる構造に着目し、その時期や経路を特定することで、そこに介入、アプローチしていくとよい。BS法（調査1）で挙げたような就労先や誘いは研究者の間でも明確な定義ができていなかったり、社会学でも明らかにできていない部分もある。さらに、そこに従事するほとんどの成人若年層が、リスクについて無知であったりする。近い未来親となる成人若年層も少なくないため、可能な限り、情報発信の工夫をするなどして、成人若年層にリスクを伝えるとともに、それ以外の就労先や居場所となる場所を提供することが、犯罪抑止と予防につながる。

そして、成人若年層自らが早期に危機を察知するためには、支援者側が、路上等で行われている勧誘行為より先回りし、信頼関係を築くことが重要である。路上では、巡回するだけの見守りによる支援方法ではなく、違法風俗店や薬物などのブラック・マーケットとのつながりが築かれる前に、積極的もしくは直接的な支援方法が求められる。介入を可能とするには、路上で行われている勧誘行為を参考に、声かけのポイント、着眼点、情報発信の方法、関係性の構築など、アウトリーチスキルを身に付けることが必要である。

■注

（1）要支援児童：児童福祉法第6条の3、第5項に定義される。条文によると保護者の養育を支援することが特に必要と認められる児童（第8項に定める要保護児童に該当するものを除く）」と記されている。

（2）虞犯少年：少年法第3条第1項により定義される。その性格または環境に照らして、将来、罪を犯し、または刑罰法令に触れる行為をする虞（おそれ）のある少年。

■引用文献

出口寛子・森ゆかり・生川慶一郎・柏原士郎（2011）「路上におけるひったくりの発生傾向に関する研究：大阪市中央区を対象として（建築計画）」『日本建築学会近畿支部研究報告集　計画系』（51）217－220頁

木梨真知子・金利昭（2008）「自主防犯活動の犯罪抑止効果に関する研究」『都市計画　別冊　都市計画論文集＝City planning review. Special issue, Papers on city planning』43（3）769－774頁、公益社団法人日本都市計画学会

鈴木大介（2015）『最貧困シングルマザー』朝日文庫

鈴木大介（2014）『最貧困女子』幻冬舎

鈴木大介（2010）『出会い系のシングルマザーたち』朝日新聞新書

橘ジュン（2016）『最下層女子校生：無関心社会の罪』小学館新書

田中勤（2010）「深夜の繁華街における虞犯少年の社会医学的研究」『社会医学研究』27（2）35－44頁

内閣府政策統括官（共生社会政策担当）（2010）「非行等幅広い分野におけるアウトリーチ（訪問支援）の方法」『ユースアドバイザー養成プログラム（改訂版）』（http://www8.cao.go.jp/youth/kenkyu/h19-2/html/5_11_3.html）2017.1.3

中村淳彦（2015）『女子大生風俗嬢　若者貧困大国・日本のリアル』朝日新書

中村攻（2000）『子どもはどこで犯罪にあっているか？　犯罪空間の実情・要因・対策』晶文社

仁藤夢乃（2014）『女子高生の裏社会』光文社新書

水谷修（2009）『夜回り先生』小学館文庫

＊

荒井和樹（あらい・かずき）◉保育士、社会福祉士、児童養護施設職員在職中、施設入所に至る前にアウトリーチする必要性に気付き、特定非営利活動法人全国こども福祉センターを設立、同法人の理事長就任。給付型奨学金ソーシャルワーカー、日本福祉大学、同朋大学（非常勤）講師。

研究報告

心理学における「子育て神話」——素質と環境の関係を考える

二宮直樹◉碧南市教育相談室・臨床心理相談員

はじめに

私がやっている教育相談の仕事では、ほぼすべてのケースで「発達障害」が絡んでいます。ここでいう「発達障害」は医学的診断名がつくような人たちではなく素質的に偏りがある程度なのですが、とにかく多いのです。私が素質をよく見るようになったからかも知れませんが、あまりに多いので「発達障害」と呼ぶことに抵抗を感じるようになりました。

最近はＬＧＢＴへの理解がすすみ、彼らは何らかの偏りがあっても障害でも病気でもない健常者であり、健常者の中に標準的な人とそうでないマイノリティがいる、そういう状況に向かっているのだと感じています。「すべての人は○○である」と前提してはいけないのです。

「発達障害」も同じようであってほしいと思います。この特殊な人たちは、発達障害に近づけて考えれば発達障害のグレーゾーンと呼ばれますが、健常者に近づけて考えれば多彩なマイノリティなのです。

しかし心理学の世界では健常者の中に一定範囲の個性は認めても、素質の違いを認めません。健常者は均一に扱われ、それ以外は障害として扱われます。そこには環境論と結びついた「子育て神話」が根強く残っているからです。

Ⅰ 素質と環境について

児童福祉の関係者は、多かれ少なかれ大学で心理学の講義を受けた経験があると思いますので、「人の発達は遺伝的素質によるのか環境によるのか」というテーマは聞いたことがあるはずです。これは心理学では古くからある基本問題ですが、「素質か環境か」ではなく「素質も環境も」であるとすぐに「模範解答」が出てしまうので、すでに終わってしまった問題のように思われています。

実際は、素質と環境についてそれぞれ独立して扱われることが多く、たとえば障害児については遺伝的素質がその発達や症状を決定するかのように扱われ、障害児でない健常児は環境によってその発達が決まると考えられています。障害児については遺伝決定論だと療育はやっても大して意味がないことになってしまうので、障害児にも健常児と同じ部分があり、そこは伸ばすことができると修正されたりしますが、遺伝と環境は別々のままで統合されません。なぜなら健常児が環境論なので、障害児の中にある同じ部分も環境論だからです。発達障害という概念が導入され、健常児の範囲がいくらか狭くなっても基本は変わりません。

ところで素質と環境は、古くて新しい問題ですが、スティーブン・ピンカーが述べているように現代社会では圧倒的に環境論が優勢です。少なくとも健常児については素質を考慮する必要がないと考えられています。子どもは白紙の状態で生まれてきて、後天的に経験によって書き込まれて発達するという考えで、イギリス経験論の哲学者ロックの「タブラ・ラサ（空白の石板）論」として有名なものです。この考えは現代心理学にも強い影響を与えています。

こうした事態は科学的な研究の結果というより、社会的・文化的な影響が圧倒的に強く働いています。もともとタブラ・ラサ論も啓蒙思想として封建的な身分差別に抵抗するという意味で広まったのでした。しかし歴史的にはその後の市民革命や産業革命を経て社会構造が大きく変わり、例えば公教育の普及はすべての国民が同じように教育を受けることができるようになりました。こうした環境的な平等が保障されるようになると、それまでとは反対に素質的な個人差が明らかとなり、遺伝論が盛んに論じられるようになります。そして再び歴史的な事件が起きました。ファシズムの台頭です。ファシズムは人種差別など様々な差別を内包しており、思想的には遺伝的な素質を重視するもので、人類に大きな災いをもたらしました。現代はこうしたファシズムとの闘いという歴史の上に成り立っており、感情的に遺伝的な素質について論じることを拒否する傾向があるため環境論が圧倒的に優勢なのです。

心理学の世界では教科書の最初に「人の発達は遺伝と環境の相互作用の結果である」という科学的な知見が述べられますが、その後はいつの間にか環境論になってしまいます。いわく「子どもの性格は親の育て方で決まる。良い子には良い親がおり、問題児には問題の親がいる」等々。

Ⅱ　行動遺伝学の三原則

素質と環境について考えるためには、今一度健常児についても遺伝の影響があることを確認しなければなりません。

素質と環境の問題を科学的に研究しようとすると、環境をコントロールすることは比較的簡単ですが、素質をコントロールすることはそう簡単ではありません。そういう意味では、遺伝的に素質が同じであることが分かっている一卵性双生児を比較する方法が、最も科学的であることは昔からわかっていました。しかし、こうした研究は簡単ではありません。なにしろサンプルを集めるだけで大変なので、研究しようとすれば研究者人生の大半を費やす覚悟が必要です。最初にこれをやった勇気ある人がいても、科学である以上は別の人が検証できないといけないので、検証にまた同じような年数がかかることになります。さらに「遺伝について語るのはタブー」という風潮がある中で、これらを行うのはさらなる勇気が必要でした。

そういう訳で、最近になってやっと結論が語られるようになりました。行動遺伝学と呼ばれる双生児研究は今や世界各国で行われており、日本では安藤寿康の研究が有名です。

一卵性双生児が似ているのは、多くは遺伝的素質が共通しているからというのは明らかですが、知能や技能や性格などのどんな分野でどの程度似ているか（似ていなければ環境が原因）を研究する必要があります。しかし研究に当たっては、双子として一緒に育てられるという環境要因も双子が似る原因（共有環境）かもしれないので、それを取り除く必要があります。そのためには双子として育てられるが遺伝的素質が異なる二卵性双生児と比較するのが合理的ということになり、双生児研究は一卵性双生児と二卵性双生児を対象として、統計的に遺伝的素質因子・共有環境因子・非共有環境因子という三つの決定因子の割合を求めるというのが最近の手法です。

結果は「行動遺伝学の三原則」としてまとめ

られました。

①行動にはあまねく遺伝の影響がある
②共有環境の影響がほとんどみられない
③個人差の多くの部分が非共有環境から成り
　立っている

最初の①は分野によって30％から80％というばらつきはあるものの、遺伝の影響を無視するのは科学的ではないということです。しかし同時に③にあるように、環境の影響も無視できないということで、遺伝研究は遺伝決定論にはなりません。環境論者が遺伝的素質を無視するのとは対照的に、遺伝研究者は環境を無視しないのです。大雑把に言えば、素質も環境も半々の影響があるという当たり前の、模範解答的な結論にすぎません。

問題なのは②の結論です。双生児研究におけるデータだけでは、環境とは具体的に何を意味しているのかは解りませんが、共有環境とは何かと考えた時にすぐに思いつくのは、同じ家庭の中で同じように育てられることですから、単純化していえば家庭環境ということになります。実際は知能や学力といった分野では共有環境の影響があるというデータもあるのですが、こと性格に関しては全くと言ってよい程に影響が見られないのです。これは驚異的な結論と言わざるを得ません。なにしろ「子どもの性格は親の育て方で決まる」という広く流布している常識を否定するものだからです。

Ⅲ　子育て神話の崩壊

このことについて、面白い本があります。ジュディス・リッチ・ハリスという人が１９９８年に書いた『子育ての大誤解』という本で、「子どもの性格は親の育て方で決まる」というのは科学的ではなく、「子育て神話」にすぎないと断罪しています。

彼女は病気の影響もあって大学での心理学研究をあきらめ、在宅で心理学の教科書づくりをしていました。様々な研究をレビューしてゆくうちに、親の特徴とその子どもの特徴を比較するだけで、親の養育態度が子どもに影響すると結論付ける粗雑な研究パターンに疑問をいだくようになりました。親子が遺伝子的に似たり似なかったりすることや、子どもが親に与える影響などを科学的に検討することもなく、親が子どもに影響を与えるはずだという先入観を前提として、その証拠を恣意的に見つけようとしているとしか思えなかったからです。

実際には科学的証拠が見つからないにもかかわらず、そうした研究が止まる気配はありませんでした。彼女は子育て神話から抜け出せないでいる心理学が許せなくなったようで、教科書の執筆をやめ、１９９７年に自身の研究をまとめた論文を発表しました。この論文は大きな反響を呼び、アメリカ心理学会から優秀な論文に対して贈られるジョージ・A・ミラー賞を受賞したのでした。その論文をもとにスティーブン・ピンカーの勧めもあって出版されたのが本書『子育ての大誤解』です。

本書の主張は二つあります。ひとつは「子どもの性格は遺伝と環境の影響を受けるが、環境というのは親ではない」ということを丁寧に論証しています。親は子どもの性格に影響を与えないというのが一般的な現実としてあるのです。それでも子どもは成長していくのですが、そうだとしたら子どもの成長に影響を与える親でないものとは何でしょうか。それが本書のもうひとつの主張で、子どもが影響を受けるのは仲間集団であるという「集団社会化説」が彼女の結論です。

親は子どもの性格に影響を与えないからといって、親は必要ないということにはなりません。子どもに影響を与えることだけが子育てではないからです。子どもに影響を与えられないなら育てる気がしないとしたら、そもそも親として不純なのではないかと思います。親の影響を受けるか受けないかは子どもが決めることで、発達の主体は子ども自身です。

集団社会化説で思い出すのは、昔の児童相談所でよくやっていた不登校児のグループ指導です。グループに参加できない子どもをどうするかという課題はあったものの、グループ指導はかなりの成果を上げました。そういう意味では集団社会化説はかなり真実味のある理論ではないかと思います。

Ⅳ 親子の関係性

「親（共有環境）は子どもの性格に影響を与えない」という研究結果について、もう少し考えてみたいと思います。まずは第一に、これは多くのサンプルを統計処理した科学的な事実であるということです。統計処理されたということは特殊な事象を省いて一般的な事象を取り出すことですから、これは一般的な子育てにみられる現象だということです。つまり標準的な子どもと標準的な親との組み合わせからなる、現代における標準的な子育てについての事実だろうということです。

児童福祉であれ教育相談であれ、こうした特殊な分野で働く我々は標準的でない子ども、標準的でない親、標準的でない家庭と出会うことが多いですから、もう少し突っ込んだ理解が必要になります。

親子の関係について分かりやすい例を考えてみましょう。よくあることですが一歳半健診で言語発達の遅い子が見つかると、保健師さんから「子どもさんとよく遊んであげてください」とアドバイスされます。明らかな異常が見られないのに言葉が遅い子は、ひとりで活動することが多いという特徴があるからです。これを子どもの愛着が弱いと解釈して「子どもさんを可愛いがってあげないと」とアドバイスするのは少し問題があります。これだとスキンシップが多くなるだけで、必ずしも言葉の発達につながらない可能性があります。言葉の発達には三者関係（親と子と対象物）が必要ですが、スキンシップは二者関係だからです。言葉の遅い子でも大抵はスキンシップが大好きです。

「遊んであげてください」とアドバイスされた母親は「やっぱり私の育児に問題があるのね」と感じるのが普通だと思いますが、真実はそうではないと思います。親子でよく遊んでいるケースの母親は「早くひとりで遊べるようになってほしい」と感じるもので、必ずしも母親が意識して遊んであげている訳ではありません。子どもが遊びを要求するから相手をすることになるのです。子どもが遊びを要求しなければそのままにしておくのも普通の母親です。両方ともやさしいお母さんであることに違いはありません。違っているのは子どもの方なのです。

普通は親が子どもを育てているのだから、親が子どもを教育していると思われがちですが、実際は子どもがイニシアティブを握っている場合が多く、私はこれを「普通の子育ては子どもの個性（遺伝も環境も含む）を伸ばす方向にしか働かない」と表現しています。厳密には「現代の、先進国の」という条件を付けるべきかもしれませんが、これがリアルな現実であることを示したのが先の研究結果だと思います。子育てにもしつけ等のように子どもに影響を与える側面もあるのですが、保育や教育などと比べると意識的に子どもに影響を与える側面が弱いことが本質なのだと思います。

Ⅴ やさしさは万能か

標準的な素質を持った子どもの場合は子どもに発達を任せてもたいした問題は起きませんが、子どもに発達障害や素質的な偏りがあると事情が少し違ってきます。社会性の発達が遅れたり偏った対人関係パターンを習得してしまったりして、家庭内での生活や、将来的な仲間集団や社会への参入に支障をきたす可能性があります。

障害や発達障害であっても遺伝的素質が直接に症状を決めるとは思いませんが、陥りやすく、一度獲得すると修正が難しい行動パターンがあり、これらが一般的にみられる症状と言われるものだと思います。例えば自閉症スペクトラムでは共感性が低い（俗にいうＫＹ）ために、コミュニケーションというよりも相手（の身体）

を強引に動かそうとする操作的な（権威主義的な）人間関係に親和性があり、時には暴力的になることもあります。本物のコミュニケーションとは共感し理解し合うことが本質であり、相手を動かすことが直接の目的ではありません。

普通の母親は子どもとコミュニケーションしようとするので、自閉症スペクトラムの子どもとは咬み合いません。母親は言って聞かせようとするのですが、子どもは母親が要求を受け入れてくれることだけを目標にあの手この手でぐずります。そして大抵はやさしい母親が根負けして、折れることになります。母親の「今回だけよ」という言葉がむなしく響きます。このパターンを繰り返せば、子どもはぐずり方だけが上手になっていき、最も激しいぐずり方が要求の日常的な方法になってしまいます。「この程度のことで、そんなに大げさにぐずるなんて」という問題行動（パニック）のでき上がりです。やさしさが裏目に出るという現象です。

標準的な子どもではこういう展開にはなりません。母親に共感してどこかでコミュニケーションに乗ってくるからです。大抵は「ごまかし」が利くのです。

先に「普通の子育ては子どもの個性を伸ばす方向にしか働かない」と述べましたが、子どもに素質的偏りがあるとその特徴を強化することになります。だからこそ専門的な早期介入が必要なのです。子育てのトラブルが起きた時には、母親の育児を反省するよりも、その子の素質的な個性に注意を払う必要があるのです。

これまで普通のやさしい子育てをしている母親をモデルに述べてきました。世間一般でこうした育児は万能だと思われていて、子どもが問題を起こせば「幼児期の愛情が不十分で…」と、やさしい子育てのやり直しが要請されます。いわゆる愛着理論と呼ばれることもある子育て神話の一種で、やさしさが問題を誘発したり強化したりすることがあるとは気づかれていません。

パニック症状があって抑制が必要な場合、最初はできるだけパニック症状を起こさないようなやさしさは大切です。しかし本格的な介入は応用行動分析（ABA）にもあるように、パニックが起きた時にはそれを無視して鎮まるのを待つしか方法はありません。つまり本人に、パニックを起こしても何も変化しないので落ち着くしかないという練習をしてもらうのです。これをシンシア・ウィッタムは「注目（愛情）を取り去る」と表現しています。

Ⅵ　子どもは白紙ではない

ところで、子どもの持って生まれた素質とは何でしょうか。子どもの素質にはどんなものが含まれるのでしょうか。

現代は環境論が優勢であり、その背景にはロックの白紙論があるのですが、哲学の世界にはこれに対抗する理論もあります。例えばドイツ観念論の源流と言われる哲学者カントは、人は何かを経験する時、その経験を認識する枠組みのようなものを生まれつき持っていると考えます。さもないと人は経験の差によって、互いに理解し合えない別々の世界を心の中に作ってしまう危険があるからです。

カントによれば、人はまずは空間と時間という枠組みの中で経験を認識し、その中で因果関係や量や質などという形式で事柄を認識します。意識の内容は経験によって外からもたらされますが、認識する枠組みや形式は人として共通のものを持っているというのです。

心理学の世界では最近、赤ちゃん研究が盛んですが、赤ちゃんは白紙ではなく驚くほどの能力を持って生まれてくると考えられるようになりました。例えば、五か月児の前に一体の人形を置き、それをスクリーンで見えなくし、もう一つの人形を同じスクリーンの裏に追加するところを見せる。スクリーンをはずした時に二体ある場合と、細工して一体しかない場合を見せると、後者の場合に（不思議そうに？）長く見つめたという実験です。まだ大人と感情的な交流しかできない赤ちゃんでも、数の概念らしきものを持っているのではないかといいます。

生まれつきの感性はこうした知的なものに限りません。道徳的感性についてはマイケル・トマセロが有名で、幼児を使った実験で生まれつきの基礎的能力を持っていると主張しましたが、学習の結果である可能性があるとの反論もありました。ポール・ブルームらはより年齢の低い六か月と十か月の赤ちゃんを使って実験をしています。丸・三角・四角の平らな積み木に目を描いたものに棒をつけて、人形劇のように動かして赤ちゃんに見せました。劇は、例えば①丸ちゃんが坂を登ろうとして登れないでいると、三角ちゃんが後ろから来て助けてくれる。②同じように丸ちゃんが困っていると、四角ちゃんが前から来て妨害するというものです。①②を見せた後に赤ちゃんに積み木を見せると、良い子の三角ちゃんに好んで手を出し、悪い子の四角ちゃんが嫌われるという明らかな結果が得られました。

子どもがこのような基礎的な素質を持って生まれてくるとしたら、健常児であっても学習は子どもの素質に助けられて成立していることになります。学習はゼロから何かを作り出せる訳ではないのです。

Ⅶ　まとめ

「健常児は環境だけ」というのは児童福祉にとって極めて危険な考え方です。子どもの問題を現在や過去の環境に原因を求めるだけで、素質的な問題を見落とすからです。障害や診断名のない子どもでも素質的な偏りを持っている場合があるのです。児童福祉の対象となる子どもや親には、そうした割合が高いので致命傷になりかねません。

障害児は素質論、健常児は環境論というのはなんと安易な考えでしょう。障害児だろうと健常児だろうと両方とも、素質と環境の相互作用で成長するのは同じです。

相互作用を考えるとは、例えば、虐待を受けても暴力的になりやすい素質がなければ暴力的にならないし、暴力的になりやすい素質があっても虐待を受けなければ暴力的にならないという研究があります（モフィットとカスピの研究）。Aという働きが常にaという効果をもたらす訳ではないのです。

子育てのプロセスはスキンシップから始まり、遊びやコミュニケーション、生活習慣のしつけ等が併行します。さらに仲間集団での活動から自立へと向かいます。愛着理論はスキンシップ、応用行動分析はしつけに焦点があたりますが、それだけでよい訳がありません。そして問題の多くは、親子関係から仲間集団への移行で起きることを認識すべきです。

子育てにおいては、様々な「神話」が存在します。分かりやすい理論は科学的ではないと思った方がよいかもしれません。

■参考文献

スティーブン・ピンカー（2004）『人間の本性を考える』NHK出版
安藤寿康（2012）『遺伝子の不都合な真実』筑摩書房
ジュディス・リッチ・ハリス（2017）『子育ての大誤解〈新版〉』早川書房
シンシア・ウィッタム（2002）『読んで学べるADHDのペアレントトレーニング』明石書店
開一夫（2011）『赤ちゃんの不思議』岩波書店
マイケル・トマセロ（2013）『ヒトはなぜ協力するのか』勁草書房
ポール・ブルーム（2015）『ジャスト・ベイビー』NTT出版
A. Caspi, T. E. Moffitt (2002) Role of Genotype in the Cycle of Violence in Maltreated Children. Science Vo. 297, 5582

二宮直樹（にのみや・なおき）◉碧南市教育相談室・臨床心理相談員。１９７８年から２０１１年まで愛知県職員として、主に県下の四つの児童相談所で児童心理司・児童福祉司として勤務。１９８７年から２００１年まで日本福祉大学Ⅱ部・非常勤講師。全国児童相談研究会・代表委員。臨床心理士。

エッセイ

ひと風呂浴びて笑顔あふれる食事会

浦田雅夫

浦田雅夫（うらた・まさお）◉京都造形芸術大学こども芸術学科教授。学校、児童相談所、児童養護施設等でカウンセラー、ケアワーカー、ソーシャルワーカーとして勤務した後、短大教員を経て、現在、京都造形芸術大学こども芸術学科教員。また、アフターケアの会メヌエット事務局長、子どもセンターののさん理事（子どもシェルター運営）。専門は社会的養護。社会福祉士、臨床心理士。

メヌエット

京都にあるアフターケアの会メヌエット（代表：安保千秋）は、２０１４年12月から京都府の委託を受け児童養護施設等を退所した方への支援活動を行っています。２０１６年４月からは、京都三条会商店街のなかほど辺りに家を借り、相談支援活動のほか、月に１回の食事会「サロン・ド・ツキイチ」を開催しています。この借家は、隣接する「トロン温泉稲荷」という銭湯のオーナーが所有しており、ご厚意により無料で入浴することも可能なのです。「ひと風呂浴びて、お食事をする」「お食事をして、ひと風呂浴びる」どちらにせよ何とも贅沢なひと時を味わうことができます。移転当初、みんなでこの家の名前をいろいろと考えました。「トロン温泉」の隣ということで、「となりのトロン」にしようか（笑）、という案もあったのですが最終的には、「トロンの家」と名付けました。月に１回の食事では、スタッフやボランティアの方が、来所者の希望を聴いて四季折々のメニューを作ってくれます。台所の調理スペースが狭く、数人で身動きがとれなくなるため、来所者と一緒に調理をするということはなかなかできませんが、手作り、愛情たっぷりのおいしい料理をみんなで語らいながら食べています。来所者のなかには、働きながらのひとり暮らしで、毎日、コンビニ弁当かカップめん。惣菜パンという方も珍しくありません。仕事や学校・バイトで疲れ、食事習慣、生活習慣を改善しようとしても日々疲れていて、なかなかできない。そんな若者にとって月に１回ですが栄養補給をし、のんびりと過ごしてもらえたらとスタッフ一同思っています。また、いろいろなご縁で、この活動を応援してくださる方々も多く、来所の若者、スタッフともどもいつも感謝しています。

居場所とは

来所する若者は、京都府家庭支援総合センターの「寄り添い支援チーム」が支援する方が中心ですが、ほかにもさまざまなつながりで他府県から京都へ来て就労している方など多様です。ある若者は「正直、施設では、退所したら、他の施設出身者とは集まらないように施設の先生から言われていまして…」と語ってくれたことがあります。「傷の舐め合いになるから」「ろくなことにはならないから」だそうです。施設で働いた経験がある私はその施設の職員が言われたお気持ちもよくわかりました。「悪に染まってほしくない」

「利用されたら大変」「騙されたらダメだよ」と、その若者のために言っておられるのです。私たちは、社会的養護を終えた若者が、社会のなかで生活するときに、実家ではないけれども施設でもない、もうひとつの場所として、ふらっと寄れて、ほっとするような「居場所」を目指していますが、そこに信頼できる大人や安心できる仲間がいないと、たしかに状況によっては不健全な「溜まり場」になりかねません。

私たちは日々、何のために当事者が集まるのか。そもそも、当事者同士が集まる必要はあるのか。私たちに何ができるのかと、問い続けています。それでも、おいしい食事をとりながら、ボランティアで食事を作ってくれるおばちゃんのすべらない話にお腹を抱え笑いながら、お互いの今を肯定し、「明日も、仕事やけどがんばろうか」「ありがとう、ほんとにおいしかったわ」「また、オムライス作って」と言い帰っていく彼らの背中に、この活動の意味と可能性を感じ、継続性を誓っています。

アフターケア

アフターケアは施設の義務ですが、これまで具体的に誰が何をどこまでしなければならないのか不明確な部分がたくさんあり、児童の担当職員が自身の休日にボランティアで関わり続けるということも珍しくなかったと思います。またアフターケアに係る公的な経費支弁はありませんでした。このようななか、東京都では２０１２年から「自立支援コーディネーター」を施設におき、リービングケアからアフターケアまで計画的に支援を行ってきましたが、厚生労働省もようやく、２０１７年3月末に「社会的養護自立支援事業等の実施要項」を定めました。そして、２０１７年度から18歳（措置延長の場合は20歳）到達により措置解除されたもののうち、「自立のための支援を継続して行うことが適当な場合」について、原則22歳の年の年度末まで個々の状況に応じて引き続き必要な支援を実施することになりました。支援コーディネーターを誰が担うのか、各自治体によって異なりますが、いずれにせよ措置解除前に協議のうえ、「継続支援計画」を作成することになりました。しかし、さまざまな理由により18歳になる前に退所し、措置解除となる若者はもちろんのこと、社会的養護を終えるすべての若者が計画的な支援を受ける権利を保障されるようにしていかなければなりません。

アフターケアはインケアでの職員や里親等との関係性をベースとして展開されるものですので、本来的には社会的養護各施設の法的根拠にある通り、各施設、里親の重要な業務です。しかし、これまで私たちが受けた相談のなかには、「出身の施設にはお世話になっているので悪いので言えない」という相談もありました。また、法的専門性が求められる相談もありました。ある事例では、交通事故の被害者になった若者が、先方は保険会社を通じて代理人の弁護士を立てて話をしてくるがどうしたらよいかという相談でした。一般家庭では、まず親が支えになってくれることでも彼らには支えがありません。一人暮らしをしている場所へ加害者が謝罪に来たらどうしたらよいのか。治療はいつまで続けられるのか。とても不安に思っておられました。幸い、当団体の代表は弁護士であるため、早速、代理人として先方とやりとりして解決へ導くことができました。退所した若者の現状を把握し、状況によって、他機関と協働して支援を行っていくケースが多くあります。

サロン活動

さて、私は、メヌエットの活動によって、15年ぶりに出会った女性がいます。かつて、私が児童相談所に勤めていた際に出会った方です。彼女は、月に1回の食事会にも積極的

メヌエットの食事会

に参加してくれており、お姉さんのような欠かせない存在です。先日、彼女と私があるところから呼ばれて大勢の前で、メヌエットの活動や彼女自身の生い立ちについて話す機会がありました。「緊張するなあ」などと道中ふたりで話しながら、現地へ向かうなか、彼女はこんなことをポツリと語っていました。

「あのメヌエットの月1回の食事会、あれ、施設出身の人が集まってるんやけど、おもしろいおばちゃんとかもいて、何かみんな施設出身者って感じもせず、うん、なんか、そんなんどうでもいいやんて、あそこでは思えて、自然体でいれるのがいいんじゃないかな」

施設等社会的養護出身者のなかには、自らの出自や生活歴を開示して進学や就労している人もおられれば、そうでない人もいます。何れにせよ、社会のなかでは自分は他者とは少し違うという感覚がどこかにあるのかもしれません。しかし、彼女にとって、社会的養護を終えた当事者同士が集まっている食事会だからこそ、そのことにとらわれる必要がまったくなく、自由にゆったり自然体でいれる空間であるのかもしれません。

ネットワーク

私は、自分自身の生い立ちを大勢の前で語ったことはありません。求められることもありません。しかし、ときに当事者は自分の生い立ちについて話すことを求められます。話したくなければ話す必要はありませんが、話す機会は本人自身の整理やふりかえりにもなります。無理なく、本人も快諾されれば要請に応じていますが、過去との対峙は、後悔や悲嘆等を再起させることもあり、丁寧なかかわりが事後にも求められます。

２０１４年10月に厚生労働省が調べた情報では、「退所児童等アフターケア事業」を行っている事業所は、全国で20か所となっています。この「退所児童等アフターケア事業」は、現在、先にも述べました「社会的養護自立支援事業」として各自治体で実施されているところです。しかし、この事業によらず任意に「退所者等の支援」を行っている団体も多くあり、現在、全国でどれくらいの団体が退所者支援を実際に行っているのか、国が実態を把握できているのか定かではありません。

まずは、退所者支援事業所の実数を把握し、横のつながりを作っていくとともに、業務内容の標準化を図っていかなければいけません。

一般家庭同様、社会的養護を終えた若者も、就労や進学で他府県へ移住することが少なくありません。そして、見知らぬ地で、生活困窮し、ホームレスとなった例について聞くこともあります。社会的養護を終えた若者が日本全国どこへ行っても、一定のケアやサービスを受けることが保障されるようにしていく必要があります。メヌエットでは、今後もできるだけ多くの団体と連携を取りながら、社会的養護を終えた若者を支援していきたいと思っています。なお、京都では、京都府の委託を受けるメヌエットのほかに、京都市が新たに２０１７年10月から、京都市ユースサービス協会に委託し、京都市内7か所の青少年活動センターで退所者等の相談事業を行うほか、南青少年活動センターで月に1回の「ごはん会」を実施するようになりました。

アフターケアの会 メヌエット メール
kyoto.aftercare@gmail.com
facebook Minuet Kyotoaftercare

エッセイ

子どもを知るための闘い
～難しい！けど『おもしろい！』大変！だけど『パワーがもらえる！』

春名文香

春名文香（はるな・ふみか）◉保育士。所属は、大阪府立砂川厚生福祉センター自立支援第２課（知的障がい者支援施設）※執筆時の所属は児童自立支援施設。職歴は、大阪府職員（配属先の施設種別：児童養護施設、一時保護所、児童自立支援施設、知的障がい者支援施設）。

今回エッセイを書く機会をいただいたことで、私は施設職員としての今までの自分を振り返り、今後の支援について考える良い機会になりました。そのような私の時間にお付き合いいただき、一読してくださる方に何かが少しでも伝われば光栄だと思いながら書き進めさせていただきます。

施設で生活する子どもたち

「明るい日差しの中、ドッチボールをしてはしゃぐ子どもたち」。これが、私が生まれて初めて出会った施設で生活する子どもたちの姿でした。高校生だった私とあまり変わらない年齢の子どもたちが、日差しのせいもあってか、明るく元気でイキイキと目に飛び込んできたことを覚えています。その時感じた、言葉に表せない子どもたちのパワーが、私をこの世界（施設職員）に導いたのかもしれません。ただ施設で働くようになって出会った子どもたちは、最初の印象とは違うパワーで、私をこの世界に巻き込んでいきました。

施設での最初の仕事は、子どもと一緒に店舗や警察へ謝罪に行くことでした。20代前半であり、他人のために頭を下げた経験のない私は、複雑な感情だったことを覚えています。そして保護者や学校、地域（職場やアルバイト先等）への謝罪は、今もこの仕事の一部といっても過言ではありません。

日々の生活の中では、育った環境や課題の違う子どもたちが集団で生活するのですから、摩擦やストレスが起きることは当たり前です。だからトラブルが発生する機会も多く、職員はその対応に右往左往する毎日です。その対応も、小さなことから弁護士相談にかけることまで様々です。

不適切な養育を受けた子どもたちは、施設という少し安定した環境の中で、秘めていた課題を大人（職員）に放出しながら自分の居場所を確認していきます。そのパワーは凄まじく、時には職員をバーンアウトに導くこともあります。私も幾度も悩まされました。

しかし子どものもつ秘めたパワーは、職員にとってマイナスに働きかけるばかりではありません。後退ばかりの子どもが、危ぶみながらも「歩」を進める姿が感じられた時、必死で悩み苦しみながら自分自身を探す姿が感じられた時、普段は見せない子どもの優しさに触れた時などは、言い表せない感情が起こります。そして私の中にもある小さなパワーに、子どもがそっと寄り添ってくれる気がして、私もまた前に進んでいけるのです。

施設職員の仕事

私は25年以上施設で勤務していますが、その種別（プロフィール参照）は様々です。同じ「児童」を対象にしていても、施設の目的が違えば支援も少なからず違ってきますので、「施設職員の仕事」といっても一言で説明するのは難しいと感じています。ただ施設で共通して行うことがあり、私はそれがこの仕事の原点だと思っています。

施設では子どもと直接関わることが多いと思いますが、ただこの「関わる」ことが容易でないことを施設職員は生活の中で実感します。子どもは様々な経験をし、多種多様な課題をもって施設入所してきますが、職員は、子どもが体験したことを経験したうえで仕事に就いている者はあまりいません。だから子どもの状況や心情を具体的にイメージすることが難しく、子どもが起こす様々な行動に疑問を感じながらも、一般的な目線や常識で対応してしまい、後に私たち職員の予想を上回る大きな問題に発展することがあるのです。

そこで子どもをきちんとイメージしたうえで支援するために、アセスメントが必要になってきます。アセスメントは、子どもの身体上の特徴や成育歴、取り巻く環境などの情報を収集し、目の前の子どもの状況をしっかりと把握（理解）することが大切です。そして導き出された課題に必要な支援について学習し、それらを複合して子どもにあった支援方法を探し出すのです。

子どもの情報収集や把握（理解）は、施設職員だけで正確に行うことが困難です。そこで施設とは違う視点で子どもをとらえている保護者や他機関（児童相談所等の福祉関係、学校を含む地域等）より情報を得ることが有効になります。また支援の際には、それぞれの特色を生かして支援を計画することができるため、子どもにとってより良い支援につなげることができます。ただ互いの支援を尊重した計画でなければ効率的な支援になりません。そのため連携が重要なポイントになります。私たち職員はスムーズな連携が可能になるように日頃から努めなければなりません。

導き出された課題への支援については、きっと様々な方法があると思います。しかし時代とともに子どもの課題は複雑化しており、支援の困難さが職員を疲弊させる原因になっています。そして子どもや保護者の希望に配慮しながらより良い支援を行うためには、私たち職員は専門職としての知識やスキルを身につける必要があるのです。知識やスキルは、職員が子どもを支援するための武器の一つになるのですから、容易ではありませんが、忙しい業務の合間をぬって研修等に参加することを決して軽んじてはいけないのです。

心がけたい関わり

施設では「引き継ぎに始まり引き継ぎに終わる」という体制が主だと思いますが、それは職員が、子どもを少しでも正確に把握（理解）していくために重要なことです。自分が勤務していない時の子どもの状況、他の職員の関わりや視点からみえる子どもの姿などが引き継がれるこの時間は、私にその後の子どもたちとの関わりをイメージさせてくれる大切な時間です。だから必要な時は遠慮なく質問もするのです。そしてそれを基に新たな子どもの姿を求め、子どもの体調はもちろんのこと、子どもの変化に気を配りながら関わっていきます。そしてその関わりの中で私が大切にしたいと思っていることがあります。

まずは受信力です。子どもの行動の中の些細な変化（信号）を受信できるかは、私たち職員の受信力が大きく影響してきます。子どもからの信号を受信できなければ、必要な時に子どものSOSに気づくことができず、大切な支援の機会を逃すことにつながるのです。

私は、子どもに対しても職員に対してもしっかりとアンテナをはり、敏感に受信することの大切さを先輩職員より学ばせて頂きました。そして今はより感度をあげて受信できるように、知識や経験を積んでいるところです。

次は人間がもつエンパワーを信じて子どもたちに関わることです。すると子どもが秘めた可能性を感じます。もちろんすぐに結果は出ませんから、その時は自分の関わり（支援）が正しいのかわかりません。しかし私は子どもと過ごす中で、施設職員が子どもと過ごす時間は子どもの人生のほんの一コマであること、また私たち職員の力は些細で、子どもにとって小さな情報（助言）に過ぎないこと、また子どもが踏み出す時の小さなきっかけにすぎないことを認識させられました。だから私は、今の支援が正しいかの判断より、子どもが未来で必要とする力に気付き、秘めた力を引き出し強化するためのお手伝いができればうれしいと思って支援しています。

しかし言葉でいうほど簡単ではありません。

子どもは溢れる情報を興味本位で取り込み、時には間違った道を選択します。だから私たちは、子どもに必要な正確な情報を集めて提供することや、子どもが情報を選択する力を身につけるための支援を行うことが必要です。

そのため職員は、必要な知識を得るために専門職の人（就労関係者、弁護士、医師等）との関係を作り、正確で新しい情報を得る努力も必要になります。ただその努力は、職員自身の仕事の幅を広げるとともに、人としての世界も広げてくれますので、仕事をしていく中での副産物のようなものかもしれません。

職員が必死に支援しても、子どもによっては悩む時間ばかりが過ぎていく場合もあります。それでも子どもにとっては何かを得るための時間だと考えると、その時間を共有できることは幸せなことだと思います。そして一緒に悩んだ時間は、私にとっても力になる時間でもあります。

子どもを通して

施設での生活は、課題を抱えた子どもにとっても、その子どもの姿を少しでも知ろう（理解しよう）とする職員にとっても「闘い」と言ってもよいほど大変です。しかしそれと同時に多くの喜びを秘めていることが振り返りの中で感じることができました。

子どもを知り支援するための努力は、子どものためだけでなく、職員自身も大きく成長させてくれると信じています。子どもの力を借りながら、職員もエンパワーしているといえます。このように考えると、私は施設職員という仕事を通して貪欲に生きているのかもしれません。そしてこれからも子どもたちと生きていく道を貪欲に選択できれば幸せだと思っています。

今回のこのエッセイを通し、この世界（施設職員）に興味をもっていただける人が少しでも増え、子どもの可能性と自分の可能性を探求していただけると嬉しく思います。

私に何ができるだろうか…

東田直樹 著
イースト・プレス
価格1300円＋税

『跳びはねる思考――会話のできない自閉症の僕が考えていること』

評者◉小池 将（東京都石神井学園児童指導員）

本書の構成は、著者の東田直樹の自閉症という特異な感性で、日々感じていることを表現豊かな言葉で書いたエッセイと、自宅などで行われた東田直樹へのインタビューとで成り立っている。

エッセイを読むと、会話のできない、重度の自閉症を抱える、当時22歳の著者がパソコンで執筆したという事実に1行目から衝撃を受ける。私は職種柄、自閉症という障害を勉強し、そういった障害を抱える人たちと接してきたことで、自閉症にある程度知識があると思っていた。しかし、それは大間違いであり、乏しい知識ならあると思っていた自身が恥ずかしくなった。「自閉症の僕はいつも、視線に踊らされています。人に見られることが恐怖なのです。人は、刺すような視線で僕をみるからです」。刺すような視線というエッセイの冒頭であるが、この文を読み、私も知らず知らずに、誰かを傷つけてしまっていたことがあるのだろうと思い、罪悪感に苛まれた。しかしながら、著者は本書で健常者への戒めをしたいわけではなく、「僕の望みは、気持ちを代弁してくれる言葉かけと、人としての触れ合いだったと思います」という、話せない僕の望みというエッセイの一文にあるように、障害への理解と、障害を抱える人への接し方のヒントを教えてくれている。

インタビューは、インタビュアーが質問をし、著者が文字盤を指差しながら、言葉を発していく「文字盤ポインティング」という方法で会話をする。普段は会話ができない著者も文字盤を打つことによって、言いたい言葉を思い出し会話を行う。インタビュー中もその場に寝転がったり、「四時、洗濯物を入れる」と言って、家事をしたりと、行動をコントロールするのが難しい。著者曰く「壊れたロボットの中にいて、操作に困っている人」とのこと。インタビューのシチュエーションは、カラオケをしたり、アメリカで講演をしたあとの感想を聞いたり、様々な場面での著者の思いが、インタビュアーの解説付きで表現されている。

インタビュアーの「読者の皆さんにはどんなことを伝えたいですか」という問いかけに対して、「自閉症という障害を抱えていますが、僕はひとりの人間です。僕たちは、普通の人に比べて、少し変わっているところもありますが、みんなと同じようにいろいろなことを感じています。僕個人のものの見方や考え方を、しってもらいたいと思っています」と答えている。この答えが人を理解する上でのすべてだと思う。障害者、LGBT、外国人、児童養護施設入所児童、我々の様々なステレオタイプがマイノリティを生きづらくしている。それに改めて気づかされ、障害をもった人ではなく、一個人のことを考え、自分には何ができるかを考えていかなければいけないと感じさせる一冊である。

小池 将◉東京都石神井学園児童指導員。

特定課題への支援

『発達障害』

評者◉倉内 淳（社会福祉法人せきれい彩（さい）職業指導員）

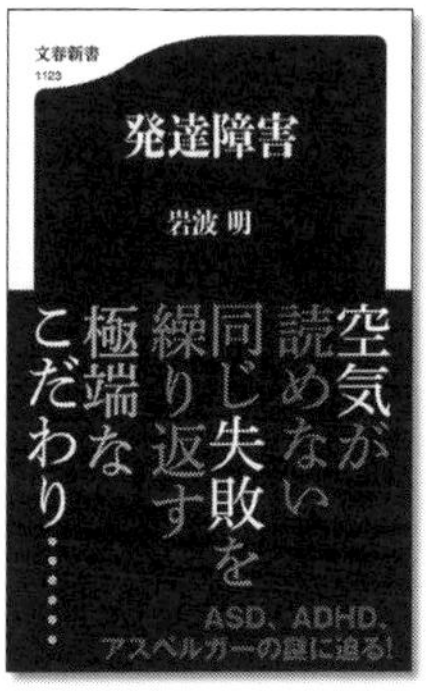

岩波明 著
文春新書
価格820円＋税

福祉従事者であれば、分野に限らず成育歴の重要性を感じて勤務している人は多いのではないだろうか。私もその一人であり、特に児童養護施設で勤務していた時は、ケアの連続性が求められることからエコマップに目を通し、育ってきた環境のイメージと子どもの発達を可能なかぎり最大限に保障することを心がけてきた。今回推薦させていただく「発達障害」という書籍は、ASD（自閉症スペクトラム障害）ADHD（注意欠如多動性障害）の特性はもちろん、刑事事件に至った事例も取り上げられており、誤診からマスコミによる報道で、世間に間違った情報が流れてしまったことも記されている。その多くは発達障害に対する理解不足から偏見や誤解を生み出しているように考えられる。恥ずかしながら私自身も、発達障害の知識以上に成育歴や現場で学んだ感覚を主に処遇を行ってきた。また職員集団の中では、対人関係が苦手な人、空気が読めない等で発達障害と決めつける傾向も多く存在する。本書は障害別の説明が明確に記されているので、通読することで具体的な概念や内容も理解をすることができ、それぞれの経緯を追って学べると感じた。

ADHDは、知的能力が正常値以上のケースでは「疾患」「障害」と認知されにくく見逃された場合、社会人になると当事者にかかる負担は増し、精神疾患を合併することもある。本書は、家族の理解から医療機関への受診や投薬でその症状は軽減できるとしており、社会復帰したケースも挙げられている。一方で発達障害を見逃されてきたケースは事件化されたものもあり、いかに幼少期での早期発見と手厚い支援が重要であるかを再認識させられた。

後半は「発達障害をどう支援するか」という部分に焦点を当て、国内では珍しい発達障害者のためのデイケアが紹介されている。本書より、「考え方として、本人のやる気の問題ではなく、ADHDという疾患によるものであることを正しく認識することで、仕事や人生への取り組みに大きな変化が生じる。これは本人だけでなく、周囲の家族の問題でもある」とされており、共感できる一方、こういった専門のデイケアがいち早く全国に普及してほしい。

障害を持って生活している人たちは数多く存在し、上記でも述べたように家族の向き合い方で人生は変わってくる。しかし、当事者と同じくらいに家族にも負担がかかってくるため、支える機関やネットワークが不可欠となる。また、医療にかかっていて症状が慢性化している場合は、その一つに発達障害の可能性も検討すべきである。この書籍を通し、現場職員として障害の正しい理解と成育歴から先を見通す専門性について考えさせられる一冊となった。

倉内 淳◉名古屋市の那爛陀学苑にて勤務し、現在は就労継続支援B型の職員となる。

心の地図を広げる

ニキ・ウェルド, ソニア・パーカー, 井上直美 編著
明石書店
価格2800円＋税

『「三つの家」を活用した子ども虐待のアセスメントとプランニング』

評者◉児玉あい（放課後等デイサービスゆう保育士）

児童心理治療施設で働いている頃、子どもとの関係に悩むことがありました。何か問題が起これば面談し、振り返りをしていくことに違和感が出てきたのです。私が答えてほしいと思うことを察して話す子どもの姿を見て、私が聞きたかったのはそのことなのか、このままでいいのか、と考えることが増えました。

子どものそのままを受け止めたい、子どもの気持ちを知りたいと思いましたが、どうすればよいか分かりませんでした。その時、出会ったのが「三つの家」です。職場の研修で「三つの家」を学びましたが、最初はうまくいきません。しかし、続けることで子どもとの関係性、子どもや家族に対しての受け止め方が私にとって大きく変化していきました。

安心・心配・希望を引き出していく「三つの家」は、子どもや家族の課題を見つけ、頑張ってもらうのではなく、一緒に歩むことを教えてくれました。時に揺れる子どもや家族に対して、その揺れに寄り添いながらこれからを考えていくことができます。

地域で暮らす家族においてもそうです。施設だけでなく、地域とともに「三つの家」を行うことで孤立していた家族が地域に認められ、大切にされながら、家族力が上がっていく姿もみることができました。

『「三つの家」を活用した子ども虐待のアセスメントとプランニング』は、具体的な事例があり、実践者の工夫も知ることができます。開発者であるニキ・ウェルド氏やソニア・パーカー氏の思いや背景、理論も書かれており、学びを深めながら読んでいくことができます。

「三つの家」を初めて知る人には「自分にできるのか」「どんな子どもや家族にもできるのか」など不安の声も聞かれますが、〝子どもの気持ちを知りたい〟と思った時にぜひ活用してみてほしいです。私はこの本が、子どもと私をつなぎ、子どもと家族と地域をつないでいく支えとなりました。

現在、働いている放課後等デイサービスでは、言葉で思いを表現することが難しい子どもが多いです。その中で、どうしたら子どもの気持ちを引き出せるのか、受け止めていけるのか、新たな挑戦が始まっています。そして、今まで関わってきた子どもたちが普段から全身全霊をかけて思いをぶつけてくれていたことに気付かせてくれました。その中でも、話せずに抱えた思いをどれだけ見つけてあげられたのだろうか、と考えさせられています。

児玉あい◉児童養護施設、児童心理治療施設で10年間子どもたちと過ごす。そのうち、子どもたちが戻り、住んでいく地域を知りたいと思うようになり、現在、放課後等デイサービスで保育士として働く。毎日、子どもたちと遊んでばかりいる。

記憶を身近な話題でひも解くと…。

『記憶はウソをつく』

評者◉平岡篤武（常葉大学教育学部教授）

榎本博明 著
祥伝社新書
価格760円＋税

被虐待児の支援を経験すると、被害を持続、増幅しているのが記憶の問題であることの理解が進みます。逆境体験は安全感覚・安心感覚にダメージを与え、些細な刺激によって心身両面で過去の恐怖体験を繰り返しやすく、さまざまな不適応行動が引き起こされるからです。また、被害確認面接を学ぶ際には、人の記憶の不確かさ、影響されやすさ、それらに最大の注意を払うことを学びます。本書は、そのような記憶の特性を、様々な事例や実験研究に触れながら学ぶことができます。内容は次のような構成です。

序章　記憶の不思議：記憶の捏造について、解離性同一性障害による心身喪失状態時の犯行や、冤罪事件の目撃証言を例に挙げながら、記憶の不確かさについて分かりやすく読者を導入します。第1章　偽の記憶は簡単に植えつけられる：子ども虐待の被害者が心理療法により「偽の記憶」を植え付けられた、とする事件が1980年代後半から90年代のアメリカで起きます。それを証明した、記憶の研究者であったロフタスの実験研究を紹介しながら、記憶がいとも簡単に捏造されてしまう実態が分かりやすく紹介されています。有名な「ショッピングモール実験」だけでなく、ロフタスやピアジェの個人的な体験例も紹介され、興味を大変引き付けられます。第2章　記憶は無意識のうちに書き換えられてしまう：冤罪事件の根本にある「虚偽の自白」というテーマ。経験していない出来事をイメージすることで、それがどのように現実に経験した記憶に入り込んでくるかが検討されます。第3章　記憶はどこまで再生できるのか：冤罪事件を引き起こすもう一つの要因である、目撃証言による誤認逮捕。ここでも様々な事例や実験が引用され、目撃証言がいかに怪しいかが理解できます。その原因にあるのが、記憶は主観的な思いによって再構成され、質問の仕方次第で記憶を誘導できるということです。誘導されやすい要因、記憶の歪みを防ぐ方法や再生を妨げる要因についても言及されています。第4章　記憶はどこまで嘘をつくのか：同調、同調圧力、暗示、リスキー・シフト、権威、他人の視線等の記憶を変容させるその他の要因や、誘導への抵抗が高まる方法が取り上げられます。

本書はトラウマ記憶に関係ある分野で働く人だけでなく、裁判員制度が導入され、一般市民が裁判員として目撃証言や自白というものに向かい合わなければならない可能性が誰にもある現在、多くの人に是非とも知っておいてほしい心理学的知見満載の書といえます。

平岡篤武◉常葉大学教育学部心理教育学科教授。児童相談所、児童心理治療施設、県庁等勤務後現職。現在は、児童相談所、児童福祉施設、学校等への支援を実践しています。

子どもたちが「安心しやりがいをもって働ける」ように

神部紅 著
朝陽会
価格1000円＋税

『ブラック企業バスターズ』

評者◉前田治敏（大阪府東大阪子ども家庭センター児童福祉司）

「ブラック企業」の定義は明確ではなく、労働法の規定する範囲を逸脱した劣悪な労働環境や過酷な労働を強いる企業くらいの意味でしょうか。いろんなパターンがあり括りきれないと思いますが、減る見込みもなく、多くの働く人がつらい思いをして働いています。

普段、相談対応する保護者や家族の仕事も、「ブラック」なことが多く、仕事と子育てが両立できない実態が、児童相談の根底にあることがしばしばです。

そもそも、私たちが働く福祉の現場自体も「ブラック」ではないでしょうか？児童相談所や家庭児童相談室は増え続ける児童虐待対応をはじめ様々なニーズに対応するため、恒常的な時間外勤務が蔓延しています。子どもの生死や家族も含め人生に関わる業務であり責任は重大です。施設でも、低すぎる最低基準の人員では、多様化する子どもにあった支援をするには不十分です。職員が交代制や断続勤務の中、休憩時間に通院や学校行事、児童相談所への通所などをしていると聞き、大変と思うとともに感謝の気持ちでいっぱいです。

やりがいのある仕事なのに働き続けられる環境でない福祉の現場は、働く人の「福祉の精神」的な思いに頼っているのが現状です。

この本は、働く中で起こるトラブルの解決に向けた労働組合の取り組みが、事例を通じて書かれています。その対象は、アルバイトにまで課せられる過剰なノルマ、パワハラ、賃金搾取や長時間労働、住まいが人質にされる問題「クビ＝会社の寮から追い出さる」など広範囲にわたっています。

それは、決して働く個人の問題ではなく、企業の働かせ方の問題であること、例えば「労働時間とはいつからか？」の答えが書かれ、働く上で「常識」は「常識ではない」ことがわかります。労働組合が個々の問題を、ブラック企業にどう責任を取らせ、労働環境や賃金・労働条件を改善させる過程が書かれていますが、労働組合が根拠とする労働法などが明らかにされています。「おかしい」が当たり前でないことに気づける力をつけ、自分を守るためにどうすればよいかがよくわかります。

そうした法律や人権を知ることは、児童福祉の現場で働く上で重要です。自分たちの労働条件・権利を守るだけではありません。私たちが関わる子どもを社会へ送り出すために知らせておくべきこと、「ブラック」な境遇に曝《さら》されないようにすること、困ったとき相談にのり対応できる知識も持つこと、そのために必要な基本的な知識がわかる本として読んでも面白い1冊です。

前田治敏◉大阪府の子ども家庭センターで一時保護所の指導員や相談業務をして20年。児童相談は、個人の問題だけでなく、根底に社会的な問題が潜んでいる。その解決がないと個人では立ち向かえない困難に巻き込まれると思っています。

◉『子どもと福祉』投稿規定

1　『子どもと福祉』に投稿する原稿は、原則として未発表のものとする。投稿原稿には、過去に発表したものを新たな視点からまとめなおしたもの（リライト原稿）を含むことができるが、この場合、過去に発表した雑誌等の規定に転載等の制限規定がある場合は、その雑誌等の規定を尊重すること。

2　投稿原稿は、「研究報告」に掲載するが、広く児童福祉・児童養護に直接間接に関係するものであり、児童福祉・児童養護の関係者（子ども、家族、働く人たち）の福祉に直接間接に寄与する意図があるものが望ましい。このうち、投稿された原稿ついては査読付（審査付）として扱う。

3　前項の原稿を投稿する場合は、原則として養問研・児相研会員による自由投稿とする（非会員の場合は、投稿する際に養問研、または児相研のいずれかに入会することを条件とする）。

4　投稿の締め切りは、11月末日（必着）とする。

5　原稿は、メールでデータを明石書店（担当 深澤：fuka@akashi.co.jp）宛てに送付する。

6　投稿する際は、原稿の表紙に①タイトル、②氏名、③連絡先（住所、電話、メールアドレス、所属）を明記し、論文要旨（４００字）を添付して送付すること。

7　原稿が掲載された者には、本誌一冊を贈呈する。

8　原稿中に他者の文章・発言等を引用する場合は、引用部分を明示し、出典を明記する必要がある。自己の意見と他者の意見が紛らわしくなるような表現は避ける。

9　事例を紹介する場合は、①事例に登場する個人が特定されないよう、すべて仮名（A君、Bさん）とし、職業・職場名等の個人情報は、すべて仮のものとする（なお実名が福祉太郎である場合、仮名を福○太○とすることは、関係者から実名を推定されることがあり、不可とする）。○○会社社員は、単に「中堅企業の社員」などと抽象的に表示する。

②家族の年齢なども一部実年齢で表記することも必要となるが、父30歳代、母20歳代のように抽象的な表現とする。③その事例の検討に特に必要のない補足的情報は削除する。④事例の一部情報を適宜改変し、特定を避ける。⑤以上のことを事例紹介に際して明記する（例えば「以下の事例については、プライバシー尊重のため、固有名詞はすべて仮名であり、個人に関する情報は抽象化し、かつ、一部の情報を書き換えている」などと明記する）。

10　事例を紹介する場合、所属長や本人への了解を必要とするという意見も多い。原則として、この基準を満たすことが望ましいが、ある施設における不適切なケアを取り上げるような場合、所属長からの了解は得られないことが多い。また、子どもの事例の場合、子ども本人から了解を得たとしても、子どもの人権擁護上望ましくない事態が惹起されることも想定される。保護者の了解があった場合も、それが子どもの人権上望ましくない結果につながることもあり得る。

したがって、上記のような懸念のある事例の場合、9で述べた抽象化を最大限活用し、かつ、執筆者の所属施設を明記せず（単に「A県B児童養護施設」のようにする）、どこの地方のどの施設であるかを特定できないようにすることが望ましい。

このような対処をしてもなお、人権上その他の事情から問題がある場合は、執筆者名を仮名（ペンネーム）とすることも検討する。ただし、ペンネームを使用する場合は、事前に編集部に相談すること。なお、編集部には、実名を正確に届けかつ仮名とする理由を届けるものとする。

11　引用・参照した文献のリストは、著書の場合、著者名『書名』発行所、発行年、を明示すること。論文の場合、著者名「論文名」『掲載雑誌名』（巻、号）発行年、を明示すること。

12　原稿は、原則として９０００字とし、原稿のデータをメールに添付し、提出するものとする。なお、使用したワープロソフト名を明記すること。

13　編集委員会は、執筆者に投稿原稿について一部修正意見を示したり、長すぎる場合、縮小の要望をすることがある。また、原稿の内容が本誌の編集方針にそぐわない場合、もしくは審査の上、掲載を見送ることがある。

14　編集委員会は、編集上の問題点について、その扱いを養問研・児相研にはかることがある。

15　その他、ここに規定していない原稿執筆上の要領については、他の学会・研究会などの執筆要領・倫理規定などを参照することが望ましい。

読者のひろば

今までの経験の中で気付いたことなのですが、発達障害の子どもは、特性による、育てにくさ、学校や家庭で不適応を起こし、不登校や問題行動等の多岐にわたる困難を抱えるリスクがあります。子ども自身が困っているがゆえの行動なのですが、それを目の当たりにする家族は、ストレスが高い、疲弊、養育不安、親子関係の悪化、虐待へと事態が進行していく危険があります。しかし、子どもに対して周囲の理解、障害受容、特性に合わせた支援があれば、落ちついて、充実した生活を過ごせることも事実です。

子ども自身が人生を楽しみ、充実したものにするためにも、生活を共にしている親の支援も大切であると常々考えています。親が子どもの成長を喜び、一緒に過ごすことを楽しみ、何よりも可愛いと思えるよう、支援者として親子の伴走をしたいと思います。そんな気持ちを皆さんと共有できる『子どもと福祉』の今後に期待しています。

（京都府家庭支援総合センター　松村菜々子）

保護所指導員から児童福祉司へ転身。6年振りに児童相談所へ戻ってきました。忙しさに追われ、昨日を振り返ることもままならない日々を過ごしています。保護所時代に思っていたこととして「子は親を選べない、大変な境遇な子がたくさんいるな」という子ども側に立った意見でした。

今、児童福祉司になり一番に思うことは「自分の育児に悩んでる親はこんなに大勢いるのか」というものです。この親子たちにどう向き合っていくのか、これが近々のテーマです。全身全霊をかけて！といきたいところですが、そこまでの体力、気力が備わってないのが現状です。少し肩の力を抜きつつ柔軟に対応できたらと思います。

（川崎市こども家庭センター　橋本健憲）

保育士の立場から、子どもの遊びの大切さと子育て支援について記した第10号のエッセイ「皆で支えあい子育てできる社会へ」。筆者の飯干さんは、療育センター勤務の頃の先輩です。自閉症のお子さんのグループ運営にあたり、活動内容を一緒に検討していた時、「それ、子どもは面白い？」と飯干さんに尋ねられたことが印象に残っています。遊びを通して楽しさを人と共有できる場面を作る、そのためにはどんな遊びが良いのかを追求されていたのだと思います。

昨今は早くから「勉強ができる子」にするための玩具や教室があふれていますが、誰かと一緒に遊んでわくわくするような経験が生きる力を育むということ、そのメッセージに強く共感しました。

（川崎市川崎区役所　杉山安恵）

全国児童養護問題研究会（養問研）のご案内

わたしたち養問研（略称）は、児童養護施設で働く仲間や児童養護施設問題に関心のある学生や、研究者が集まって1972年に誕生した、自主的な研究団体です。子どもの発達保障と人権を擁護するための児童養護、あるいは児童福祉の諸援助の実践や方法を研究し、さらに職場の実践者の専門性の向上や、働きがいのある職場の実現も目指しています。

【主な活動内容】

①全国大会を年１回開催（2018年は東京で開催）。②学習会を東日本・中部日本・西日本で開催。③研究誌『子どもと福祉』年１回発行・全国児童相談研究会と共同編集。④機関紙『育ちあう仲間』年１回、大会時発行（大会レジメ集中心に変更）。⑤会として発行した主たる著書『ぼくたちの15歳』『春の歌うたえば』『児童養護への招待』『施設で育った子どもたちの語り』。

【支部活動】

全国に10支部設立されており、独自の研究会活動を実施しています。

【会費】

会の運営は年間4,000円の会費でまかなわれています（『子どもと福祉』代を含む）。

【会員のメリット】

①支部に所属していただき、各地の支部の研究会活動に参加できます。②全国規模の大会や、各地の学習会にも参加できます。③研究誌などに投稿できます。④研究会発行の書籍が10％～20％割引で購入できます。⑤全国の会員の方と、意見交換していただけます。⑥何よりも、自覚的に児童養護問題に関わって研究、学習する姿勢が生まれます。⑦働き甲斐のある職場作りなども追求できます。

〈入会申し込み・お問い合わせ〉

申込書（養問研のホームページ http://www.ne.jp/asahi/yomon/ken/ にあります）に必要事項をご記入の上、当研究会の事務局までお送りください。養問研についてのお問い合わせも下記の事務局へお願いします。

全国児童養護問題研究会事務局
〒603-8456　京都市西京区山田平尾町51-28　つばさ園内　石塚・芦田　電話：075-381-3650

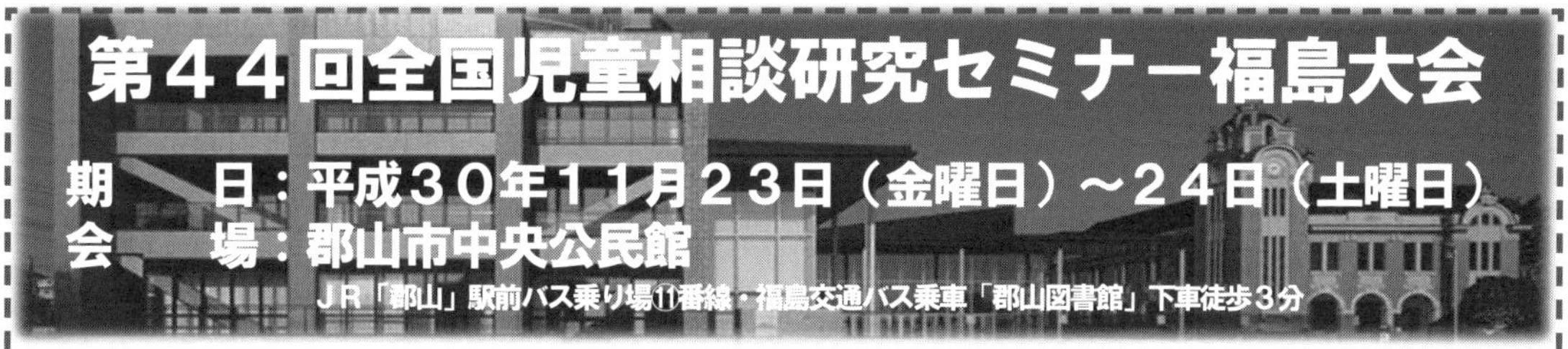
第４４回全国児童相談研究セミナー福島大会
期　日：平成３０年１１月２３日（金曜日）～２４日（土曜日）
会　場：郡山市中央公民館
ＪＲ「郡山」駅前バス乗り場11番線・福島交通バス乗車「郡山図書館」下車徒歩３分

児相研セミナーは，次の五原則を踏まえて開催されてきました。
○私たちは，自分たちの意志と責任においてセミナーを開催する。
○私たちは，権利の主体者としての子どもと，子どもにかかわる者たちが抱えているいろいろな問題を，権利保障の視点からとらえる。
○私たちは，現場の実践を発展させる方向で研究をすすめる。それによって，現状を変革する基本的な考え方を打ち出せるようにする。
○私たちは，子どもにかかわり，子どもの権利に関心を持つ人々の参加のもとに，自由で平等な立場で討議する。
○私たちは，子どもの養育者，児童福祉機関，施設，地域住民，研究者など，子どもをとりまく各分野の人たちとの協働関係を広げ，幅広い研究活動を行う。

全国児童相談研究会（略称「児相研」）は，児童家庭相談の現場の課題と課題解決のための創意工夫などを探求するため，全国の児童相談所職員の有志により誕生しました。時代は移り変わろうと，同じ相談援助に携わる仲間同志の情報交換と意見交換は必要不可欠です。
今年，年１回開催の第４４回全国児童相談研究セミナーは“ふくしまから　はじめよう”の福島大会になります。読者の皆さんの参加をお持ち申し上げます。
（お問い合わせ）
※入会，全国児童相談研究会主催のセミナー，研修会等のお問い合わせは事務局（メールアドレス）へ

全国児童相談研究会
川崎市高津区末長１－３－９　〒２１３－００１３
川崎市中部児童相談所内全国児童相談研究会事務局（窓口担当）　石田博己
✉　kjisouken@aol.jp

■編集後記

未来の日本。普段、私たちは目の前の現実・課題に追われるため「十年後の社会、三十年後の日本はどんな国になっているのか?」などを考える余裕はありません。ある研修会の際、未来の家族、地域社会を取り上げることがありました。あれこれ人口動態の推計などを見比べると、この数十年とは異なる想像以上の変化を見ることとなりました。

例えば、概ね2年後には女性の2人に1人は50歳以上、6年後には3人に1人は65歳以上の高齢者、17年後には男性3人に1人・女性5人に1人は生涯未婚、27年後には東京圏に限界集落出現などなど。家族機能の縮小化、地縁血縁化関係の脆弱化とともに、核家族、核家族と指摘されるものの、現実は単身（単独）世帯の数が上回る状況にあります。

松山刑務所脱獄事件の際、警察は同刑務所のある向島中心に捜索しました。しかし、島を離れたり、居住者死亡のため空家となった家の捜索に苦慮しました。

向島の現実は今後の日本の現実です。家を継ぐ者、土地を継ぐ者、職を継ぐ者・墓を継ぐ者などの習慣・風習は確実に存在し得なくなります。

一部の研修受講者は「その時はその時で何とかなるでしょう!」の楽観論。

読者の皆さんは「どんな日本、どんな社会」を模索するのでしょうか?

＊

昨年、養問研と児相研の共同編集誌『子どもと福祉』は創刊10年目を迎えました。心機一転、最新の第11号特集は「社会的養護における職員の確保・育成」と「法改正後の在宅支援のめざすもの」を取り上げました。

また、クローズアップは「新しい社会的養育ビジョンの動向と課題」と「新しい社会的養育ビジョンと養問研の姿勢」、研究報告、現場実践レポート、海外の社会福祉事情、書評などと内容充実の一冊に仕上がりました。

最後に、本当に限りなく執筆者の原稿は〆切直前になりました。編集部の深澤孝之さん、本当にご迷惑をおかけしました。

（佐藤隆司）

次号予告

2019年6月発行予定

◉特集1＝**社会的養護における多職種連携**

今後求められる社会的養護系施設の高機能化・多機能化に向けて、多職種が連携・協働できる職員集団をどのように築くことができるかを考える。

◉特集2＝**法改正その後**

今回の児童福祉法・児童虐待の防止等に関する法律などは、児童相談所と市町村の体制強化を図るものになった。一時保護の司法関与などの法改正後の実情を取り上げる。

「読者のひろば」へのご投稿のお願い

●字数　400字程度

●締め切り　2018年11月末日

お名前・ご連絡先を明記のうえ、下記までお送りください。なお、原稿は若干整理させていただく場合もありますので、ご了承ください。

〒101-0021　東京都千代田区外神田6-9-5
明石書店編集部『子どもと福祉』係
電話 03-5818-1172／FAX 03-5818-1175

子どもと福祉 vol. 11

2018年7月1日　初版第1刷発行

編集『子どもと福祉』編集委員会
堀場　純矢（日本福祉大学）
吉村美由紀（名古屋芸術大学）
大森　信也（児童養護施設若草寮）
藤田　哲也（滋賀文教短期大学）
佐藤　隆司（千葉明徳短期大学）
二宮　直樹（碧南市教育委員会）
岡崎　秋香（川崎市北部児童相談所）

発行者　大江道雅
発行所　株式会社明石書店
〒101-0021　東京都千代田区外神田6-9-5
電話　03-5818-1171／FAX　03-5818-1174
振替　00100-7-24505／http://www.akashi.co.jp

表紙画「牧歌の里」原田正則
表紙・本文デザイン（原案）有限会社臼井デザイン事務所
印刷・製本　モリモト印刷株式会社
ISBN978-4-7503-4695-3